保险投资合规进阶

高慧 / 编著

企业管理出版社
ENTERPRISE MANAGEMENT PUBLISHING HOUSE

图书在版编目（CIP）数据

保险投资合规进阶 / 高慧编著. -- 北京 : 企业管理出版社, 2024. 8. -- ISBN 978-7-5164-3093-4

Ⅰ. F830.59

中国国家版本馆CIP数据核字第2024EB5299号

书　　名	保险投资合规进阶
书　　号	ISBN 978-7-5164-3093-4
作　　者	高　慧
策　　划	蒋舒娟
责任编辑	刘玉双
出版发行	企业管理出版社
经　　销	新华书店
地　　址	北京市海淀区紫竹院南路17号　邮　　编：100048
网　　址	http://www.emph.cn　电子信箱：metcl@126.com
电　　话	编辑部（010）68701661　发行部（010）68701816
印　　刷	北京亿友数字印刷有限公司
版　　次	2024年8月第1版
印　　次	2024年8月第1次印刷
开　　本	710mm × 1000mm　1/16
印　　张	13.5印张
字　　数	211千字
定　　价	68.00元

版权所有　翻印必究　·　印装有误　负责调换

序言

证券公司在实体产业借助资本市场做大做强中扮演"证券投行"的角色，信托公司则扮演"实业投行"的角色，而银行和保险公司则扮演"投行的投行"的角色。

保险投资为中国实体产业转型升级和规模化、全球化战略提供了重要的金融支持。

保险公司的一端是保险负债，也就是我们日常所见的保单；另一端是保险投资，是我们不常见的专业化资产配置。保险公司及保险资产管理公司作为专业的从事保险资金资产配置和资产管理的金融机构，始终以保障保险资金安全作为底线。保险投资的合规审核和风险控制是确保保险资金运用安全的最后一道屏障。

保险金融机构专门从事保险资金投资的专业人士，不仅要熟悉保险资金配置的基本法律法规，洞悉国家产业政策，洞悉实体经济转型升级带来的不确定性，洞悉实体经济的金融杠杆风险，还要具备深度尽职调查、深度分析产业业态的能力，可以分析产业抵抗风险的能力，更为重要的是要洞悉国家金融监督管理总局关于金融监管的最新政策，熟悉保险资金运用的法律法规，始终将合规和风险控制作为保险投资职业生涯的法律底线。

作为一本专门介绍保险金融机构开展保险投资的书，本书并没有深入讨论保险资金运用法律法规的深层次的问题，而是系统地梳理了保险资金运用监管法律法规、案例，并结合实践经验予以总结。希望我们的努力能够推动保险投资的规范运作。

在本书付梓之际，特别感谢我的团队在本书写作过程中所付出的宝贵时间与精力。

高　慧

二〇二四年元月于上海

目 录

第一章 保险资金投资——综合业务法律合规与风险控制 // 1

第一节 保险资金与金融机构 // 1

第二节 资产配置合规与风险控制 // 6

第三节 信用增级合规与风险控制 // 24

第四节 资产管理业务合规与风险控制 // 48

第五节 关联交易合规与风险控制 // 67

第六节 保险资金投资金融产品及大类资产配置合规与风险控制 // 75

第七节 地方政府融资平台合规与风险控制 // 89

第八节 保险资金境外投资合规与风险控制 // 91

第九节 保险资金投资违规处罚案例 // 95

第二章 保险资金运用——专项资产配置业务合规与风险控制 // 106

第一节 基础设施项目投资合规与风险控制 // 106

第二节 不动产投资合规与风险控制 // 110

第三节 股权投资合规与风险控制 // 114

第四节　债权计划投资合规与风险控制　// 139

第五节　信托计划投资合规与风险控制　// 151

第六节　债券投资合规与风险控制　// 166

第七节　股票投资合规与风险控制　// 175

第八节　保险资金参与长租市场合规与风险控制　// 179

第九节　保险资金投资组合类资管产品合规与风险控制　// 181

第三章　保险资金运用——尽职调查要点与法律意见范例　// 183

第一节　尽职调查互联网核查要点　// 183

第二节　股权、债权投资尽职调查要点　// 186

第三节　不动产项目尽职调查要点　// 194

第四节　保险投资信托计划尽职调查要点　// 196

第五节　保险投资信托计划法律意见范例　// 199

第六节　保险投资内部合规报告范例　// 206

第一章
保险资金投资——综合业务法律合规与风险控制

第一节 保险资金与金融机构

保险公司、保险资产管理公司是国家金融监督管理总局许可开展保险资金投资运用的金融机构，保险金融机构的经营属性决定了保险资金投资运用须符合国家金融监管的基本要求，从事保险资金投资运用的专业投资人须熟悉国家金融监管法律法规，熟悉金融机构及其管理的金融产品，具备资产负债管理能力、大类资产配置能力、投资管理能力和风险管理能力，规范保险资金投资运用的合规与风险控制。

一、保险资金

保险资金是指保险集团（控股）公司、保险公司以本外币计价的资本金、公积金、未分配利润、各项准备金以及其他资金。下面介绍"各项准备金"和"其他资金"的具体含义。

1. 各项准备金

各项准备金主要指未到期责任准备金和未决赔款准备金。

未到期责任准备金，是指保险公司为尚未发生保险事故的保单责任提取的责任准备金。

未决赔款准备金，是指保险公司为已经发生但尚未结案的保险事故提取的准备金，包括已发生已报案未决赔款准备金和已发生未报案未决赔款准备金（IBNR）。

2.其他资金

其他资金包括应付赔付款、应付保户红利、保户储金、应付分保款项等。

应付赔付款，是指保险公司已经结案但尚未支付的各种赔款和给付款项，包括已发生保险事故并已结案、已到支付期、保单已经满期或者已经办理退保手续尚未支付给保单持有人的赔款、保险金或退保金等。对于财产保险、健康保险和意外伤害保险业务，主要指已经结案但尚未支付的赔款和死伤医疗给付款项等；对于人寿保险业务，主要指已到保险合同规定的支付期尚未支付的保险金和养老金、应当给付的效力终止保单的现金价值以及已办理退保手续但尚未支付给保单持有人的退保金等。

应付保户红利，是指保险公司已经预计但尚未支付给分红保险保单持有人的红利。

保户储金，是指财产保险公司向投保人收取的、在保险合同到期时必须返还的资金及相应的投资回报。

应付分保款项，是指保险公司由于分保业务而形成的各种应付、预收等结算款项，包括分出业务产生的应付分出保费、预收分保摊回赔款、存入分保保证金及利息等，以及分入业务产生的应付手续费、应付分保赔款、应付分保税金及附加等。

二、保险资金投资范围

依据《中华人民共和国保险法》（以下简称"《保险法》"）关于保险资金运用的总体性规定，保险公司的资金运用必须稳健，遵循安全性原则，保险公司的资金运用限于下列形式：银行存款；买卖债券、股票、证券投资基金份额等有价证券；投资不动产；投资股权；国务院规定的其他资金运用形式。

其他资金运用形式，主要涉及《国务院关于加快发展现代保险服务业的若干意见》（国发〔2014〕29号）的规定。保险资金运用形式包括债权、债权投资计划、股权投资计划、资产支持计划、夹层基金、并购基金、不动产基金、创业投资基金、资产证券化产品、另类投资等。

保险公司资金运用的具体管理办法，由国家金融监督管理总局依照上述规定制定。

根据《关于保险资金投资有关金融产品的通知》，保险资金投资的金融产品是指商业银行或理财公司、信托公司、金融资产投资公司、证券公司、证券资产管理公司、证券投资基金管理公司等金融机构依法发行的资产管理产品和资产证券化产品。这些产品包括理财产品、集合资金信托、债转股投资计划、信贷资产支持证券、资产支持专项计划、单一资产管理计划和国家金融监督管理总局认可的其他产品。

三、金融机构及业务构成

金融机构发行或管理的金融产品是保险公司重要的投资标的。根据国家金融监督管理总局的有关规定，金融机构是指接受中国人民银行、国家金融监督管理总局、中国证券监督管理委员会（以下简称"中国证监会"）分类监管，并持有金融牌照的营利法人或者合伙企业。

我国目前的金融机构合计有34类：①根据中国人民银行发布的《金融机构编码规范》，国家特许金融机构为28类；②另根据中国证监会《证券期货投资者适当性管理办法》（2022年修正），经有关金融监管部门批准设立的金融机构包括证券公司、期货公司、基金管理公司及其子公司、商业银行、保险公司、信托公司、财务公司、商业银行理财子公司、金融资产管理公司等，经行业协会备案或者登记的证券公司子公司、期货公司子公司、基金管理人等。34类金融机构及业务构成详见表1-1。

表 1-1　34 类金融机构及业务构成

序号	金融机构	业务领域
1	银行	依法设立的吸收公众存款、发放贷款、办理结算等业务的企业法人
2	城市信用合作社	依照有关规定在城市市区内由城市居民、个体工商户和中小企业法人出资设立的，主要为社员提供服务，具有独立企业法人资格的合作金融组织
3	农村信用合作社	经相关国家部门批准设立，由社员入股组成、实行社员民主管理，主要为社员提供金融服务的农村合作金融机构
4	农村合作银行	由辖内农民、农村工商户、企业法人和其他经济组织入股组成的股份合作制社区性地方金融机构
5	农村商业银行	由辖内农民、农村工商户、企业法人和其他经济组织共同发起成立的股份制地方性金融机构
6	村镇银行	经国家金融监督管理总局依据有关法律法规批准，由境内外金融机构、境内非金融机构企业法人、境内自然人出资，在农村地区设立的主要为当地农民、农业和农村经济发展提供金融服务的金融机构
7	农村资金互助社	经相关机构批准，由乡（镇）、行政村农民和农村小企业自愿入股组成，为社员提供存款、贷款、结算等业务的社区互助性金融机构
8	财务公司	以加强企业集团资金集中管理和提高企业集团资金使用效率为目的，为企业集团成员单位提供财务管理服务的金融机构
9	信托公司	依照《中华人民共和国公司法》（以下简称"《公司法》"）和《信托公司管理办法》设立的主要经营信托业务的金融机构
10	金融资产管理公司	经国务院决定设立的，收购、管理和处置金融机构、公司及其他企业（集团）不良资产，兼营金融租赁、投资银行等业务的金融机构
11	金融租赁公司	经国家金融监督管理总局批准，以经营融资租赁业务为主的金融机构
12	汽车金融公司	经国家金融监督管理总局批准设立的，为中国境内的汽车购买者及销售者提供金融服务的金融机构
13	贷款公司	经国家金融监督管理总局依据有关法律法规批准，由境内商业银行或农村合作银行在农村地区设立的专门为县域农民、农业和农村经济发展提供贷款服务的金融机构
14	货币经纪公司	经国家金融监督管理总局批准在中国境内设立的，通过电子技术或其他手段，专门从事促进金融机构间资金融通和外汇交易等经纪服务并从中收取佣金的金融机构

续表

序号	金融机构	业务领域
15	证券公司	依照《公司法》规定设立的并经国务院证券监督管理机构审查批准而成立的专门经营证券业务、具有独立法人地位的金融机构
16	证券投资基金管理公司	经中国证监会批准，在中华人民共和国境内设立，从事证券投资基金管理业务的企业法人
17	期货公司	依照《公司法》和《中华人民共和国期货和衍生品法》规定设立的经营期货业务的金融机构
18	投资咨询公司	经中国证监会批准设立，为证券、期货投资人或者客户提供证券、期货投资分析、预测或者建议等直接或者间接有偿咨询服务的金融机构
19	财产保险公司	经国家金融监督管理总局批准设立，依法登记注册，从事经营财产损失保险、责任保险、信用保险、短期健康保险和意外伤害保险等财产保险业务的保险公司
20	人身保险公司	经国家金融监督管理总局批准设立，依法登记注册，从事意外伤害保险、健康保险、人寿保险等人身保险业务的保险公司
21	再保险公司	经国家金融监督管理总局批准设立，依法登记注册，专门从事再保险业务、不直接向投保人签发保单的保险公司
22	保险资产管理公司	经国家金融监督管理总局批准，在中华人民共和国境内设立，通过接受保险集团（控股）公司和保险公司等合格投资者委托、发行保险资产管理产品等方式，以实现资产长期保值增值为目的，开展资产管理业务及监管机构允许的其他业务的金融机构
23	保险经纪公司	经国家金融监督管理总局批准设立，基于投保人的利益，为投保人与保险人订立保险合同提供中介服务，并依法收取佣金的金融机构
24	保险代理公司	经国家金融监督管理总局批准设立，根据保险公司的委托，向保险公司收取代理佣金，并在保险公司授权的范围内代为办理保险业务的金融机构
25	保险公估公司	经国家金融监督管理总局批准设立，接受保险当事人委托，专门从事保险标的评估勘验、鉴定、估损、理算等业务的单位
26	金融控股公司	依据《公司法》设立，拥有或控制一个或多个金融性公司，并且这些金融性公司净资产占全部控股公司合并净资产的50%以上，所属的受监管实体应是至少明显地在从事两种以上的银行、证券和保险业务的独立企业法人

续表

序号	金融机构	业务领域
27	小额贷款公司	由自然人、企业法人或其他社会组织依法设立，不吸收公众存款，经营小额贷款业务的有限责任公司或股份有限公司
28	消费金融公司	经国家金融监督管理总局批准，在中华人民共和国境内设立的，不吸收公众存款，以小额、分散为原则，为中国境内居民个人提供以消费为目的的贷款的非银行金融机构
29	证券公司子公司	依照《公司法》和《中华人民共和国证券法》设立，由一家证券公司控股，经营经中国证监会批准的单项或者多项证券业务的证券公司
30	期货公司子公司	期货公司子公司（风险管理公司）是指由一家期货公司控股50%以上的子公司，根据《公司法》设立的以开展风险管理服务为主要业务的有限责任公司或股份有限公司
31	基金管理子公司	经中国证监会批准，基金管理公司在境内全资设立或者与其他股东共同出资设立的公司法人
32	基金管理人	由依法设立的公司或者合伙企业担任，包括私募基金管理人和公募基金管理人
33	商业银行理财子公司	商业银行经国务院相关机构批准，在中华人民共和国境内设立的主要从事理财业务的非银行金融机构
34	金融资产投资公司	经国务院相关机构批准，在中华人民共和国境内设立的，主要从事银行债权转股权及配套支持业务的非银行金融机构

第二节　资产配置合规与风险控制

如果决定房地产投资价值的第一是地段，第二是地段，第三还是地段，那么决定保险投资资产配置的第一是安全，第二是安全，第三还是安全。因此，做好保险资金运用的资产配置最关键的是把控好保险资产配置中的合规和风险控制。

保险公司资产配置首先考虑安全性，其次才是收益性和流动性。从安全性的角度看，银行存款的配置最高，其次是相对安全的债券，再次是另类投资，最后是股票和证券投资。但是，随着银行存款收益的降低和债券违约风险的加大，保险投资创新业务的比重越来越高，因此，另类投资将会成为保险投资的一个重要的资产配置领域。

一、流动性资产、固定收益类资产、权益类资产、不动产类资产和其他金融资产

根据《保险资产风险五级分类指引》《关于加强和改进保险资金运用比例监管的通知》，按照投前监管比例和投后风险管理的监管要求对保险投资资产进行分类，保险投资的资产可划分为流动性资产、固定收益类资产、权益类资产、不动产类资产和其他金融资产五大类资产。

（一）流动性资产

流动性资产是指库存现金和可以随时用于支付的存款，以及期限短、流动性强、易于转换为确定金额现金，且价值变动风险较小的资产。

境内品种主要包括现金、货币市场基金、银行活期存款、银行通知存款、货币市场类保险资产管理产品和剩余期限不超过1年的政府债券、准政府债券、逆回购协议，境外品种主要包括银行活期存款、货币市场基金、隔夜拆出和剩余期限不超过1年的商业票据、银行票据、大额可转让存单、逆回购协议、短期政府债券、政府支持性债券、国际金融组织债券、公司债券、可转换债券，以及其他经国家金融监督管理总局认定属于此类的工具或产品。

（二）固定收益类资产

固定收益类资产是指具有明确存续到期时间、按照预定的利率和形式偿付利息和本金等特征的资产，以及主要价值依赖于上述资产价值变动的资产。

境内品种主要包括银行定期存款、银行协议存款、债券型基金、固定收益类保险资产管理产品、金融企业（公司）债券、非金融企业（公司）债券和剩余期限在1年以上的政府债券、准政府债券，境外品种主要包括银行定期存款、具有银行保本承诺的结构性存款、固定收益类证券投资基金和剩余期限在1年以上的政府债券、政府支持性债券、国际金融组织债券、公司债券、可转

换债券，以及其他经国家金融监督管理总局认定属于此类的工具或产品。

根据《保险资产风险五级分类指引》的规定，固定收益类资产主要形式包括：基础设施债权投资计划、不动产债权投资计划、持有到期的企业（公司）债券，以及具有固定收益资产特征的项目资产支持计划、信贷资产支持证券、证券公司专项资产管理计划、商业银行理财产品、集合资金信托计划、保险资产管理产品等。

具有固定收益资产特征的信贷资产支持证券、证券公司专项资产管理计划、商业银行理财产品、集合资金信托计划、保险资产管理产品等金融产品的分类，应主要考虑发行主体及偿债主体的声誉、信用评级、内部风险控制体系，以及产品交易结构、产品增信措施等因素，同时采用穿透法，考虑标的基础资产的质量和风险状况。

其中，信用状况包括声誉、信用评级、征信记录、偿还记录、偿还意愿等，偿还能力包括财务状况、盈利能力、影响偿还的非财务因素等。

（三）权益类资产

权益类资产包括上市权益类资产和未上市权益类资产。

上市权益类资产是指在证券交易所或符合国家法律法规规定的金融资产交易场所（统称"交易所"）公开上市交易的、代表企业股权或者其他剩余收益权的权属证明，以及主要价值依赖于上述资产价值变动的资产。

未上市权益类资产是指依法设立和注册登记，且未在交易所公开上市的企业股权或者其他剩余收益权，以及主要价值依赖于上述资产价值变动的资产。

境内上市权益类资产品种主要包括股票、股票型基金、混合型基金、权益类保险资产管理产品；境外上市权益类资产品种主要包括普通股、优先股、全球存托凭证、美国存托凭证和权益类证券投资基金，以及其他经国家金融监督管理总局认定属于此类的工具或产品。

根据《保险资产风险五级分类指引》的规定，权益类资产的重要组成部分是股权金融产品。股权金融产品是指保险机构投资的由股权投资管理机构发起设立的股权投资类金融产品，包括未上市股权投资基金、基础设施股权投资计划、不动产股权投资计划、权益类集合资金信托计划、权益类项目资产支持计划及权益类保险资产管理产品等。

股权金融产品的分类主要采用穿透法,重点对股权所指向企业的质量和风险状况进行评估,同时考虑股权投资管理机构的资信状况、投资管理能力、风险控制措施、投资权益保护机制、股权退出机制安排等因素,合理确定该类产品的风险分类。

保险资金投资股权的风险分类,对于可以获得被投资企业股权公允市场价格的,按投资成本与公允市场价格孰低法进行分类。公允市场价格的确定原则为:如存在活跃市场的,其市价即为公允市场价格;如不存在活跃市场,但类似股权存在活跃市场的,该股权的公允市场价格应比照相关类似股权的市价确定。类似股权建议选择上市公司,参考标准为:公司所属行业、总资产、净资产、每股收益、净资产收益率等方面的指标基本相同。

对于无法获得被投资企业股权公允市场价格的,应综合考虑被投资企业的经营状况、财务状况、盈利能力、净资产等因素,以及股权的退出机制安排,整体评价其风险状况和预计损失程度。

(四)不动产类资产

不动产类资产指购买或投资的土地、建筑物及其他依附于土地上的定着物等,以及主要价值依赖于上述资产价值变动的资产。

境内品种主要包括不动产、基础设施投资计划、不动产投资计划、不动产类保险资产管理产品及其他不动产相关金融产品等;境外品种主要包括商业不动产、办公不动产和房地产信托投资基金(REITs),以及其他经国家金融监督管理总局认定属于此类的工具或产品。

根据《保险资产风险五级分类指引》的规定,不动产类资产风险监管应按照以下方式进行分类。

① 需要进行风险分类的资产为以成本法计量的非自用性不动产,其主要形式包括:商业不动产、办公不动产、符合条件的政府土地储备项目,与保险业务相关的养老、医疗、汽车服务等符合国家金融监督管理总局规定的投资不动产类别。

② 非自用性不动产的分类主要考虑不动产的公允评估价值。公允评估价值的确定原则为：如存在活跃市场，市场价值即为其公允评估价值；如不存在活跃市场，但类似资产存在活跃市场的，该不动产的公允评估价值应比照相关类似资产的市场价值确定；如本身不存在活跃市场，也不存在类似的资产活跃市场，则公允评估价值采用近一年内全国性资产评估公司作出的评估价值。

（五）其他金融资产

其他金融资产是指风险收益特征、流动性状况等与上述各资产类别存在明显差异，且没有归入上述大类的其他可投资资产。

境内品种主要包括商业银行理财产品、银行业金融机构信贷资产支持证券、信托公司集合资金信托计划、证券公司专项资产管理计划、保险资产管理公司项目资产支持计划、其他保险资产管理产品；境外品种主要包括不具有银行保本承诺的结构性存款，以及其他经国家金融监督管理总局认定属于此类的工具或产品。

二、银行间市场及证券交易所交易的资产、非标准化债权资产、另类资产和永续债

根据保险投资资产是否可在公开交易平台交易的属性，可将保险投资资产划分为银行间市场及证券交易所交易的资产、非标准化债权资产、另类投资和永续债等。

（一）银行间市场及证券交易所交易的资产

银行间市场由银行间债券市场、同业拆借市场、外汇市场、票据市场和黄金市场构成，证券交易所市场主要是指上海证券交易所（以下简称"上交所"）、深圳证券交易所（以下简称"深交所"）和北京证券交易所（以下简称"北交所"）。

1. 银行间市场交易的资产分类

银行间市场交易的资产分类详见表1-2。

表1-2 银行间市场交易的资产分类

债券种类		发行主体	发行主管部门	分类	发行、交易与托管	常见品种
政府债券	国债	中央政府（信用等级最高）	财政部	记账式国债、储蓄国债	记账式国债：中央结算公司招标发行，在银行间债卷市场、交易所债券市场交易，在中央结算公司总托管。储蓄国债：通过商业银行柜台面向个人投资者发行，分为凭证式和电子式，电子式储蓄国债在中央结算公司总托管	记账式国债：贴现国债有91天、182天、273天三个品种。附息国债有1年、3年、5年、7年、10年、15年、20年、30年、50年等品种
	地方政府债券	地方政府	财政厅	一般债券、专向债券	通过中央结算公司招标或定向承销发行，在银行间债券市场、交易所债券市场交易，在中央结算公司总托管	一般债券有1年、3年、5年、7年、10年五个品种。专向债券有1年、2年、3年、5年、7年、10年六个品种
中央银行票据		中国人民银行	—	—	通过央行公开市场操作系统发行，在银行间债券市场交易，在中央结算公司托管	期限一般不超过1年，但也有长至3年的品种
政府支持机构债券	铁道债券	中国铁路总公司	国家发展改革委	—	通过中央结算公司发行，在银行间债券市场交易，在中央结算公司托管	
	中央汇金债券	中央汇金投资有限责任公司	中国人民银行	—		
金融债券	政策性金融债券	开发性金融机构（国家开发银行）和政策性银行（中国进出口银行、中国农业发展银行）	—	—	通过中央结算公司发行，在银行间债券市场交易，在中央结算公司托管	
	商业银行债券	境内设立的商业银行法人	—	—		一般金融债券、小微企业贷款专项债、次级债券、二级资本工具等品种
	非银行金融债券	境内设立的非银行金融机构法人（包括财务公司和金融租赁公司等银行业金融机构、证券公司、保险机构）	—	—		

续表

债券种类		发行主体	发行主管部门	分类	发行、交易与托管	常见品种
企业信用债券	企业债券	企业	经国家发展改革委核准	—	通过中央结算公司发行系统面向银行间债券市场和交易所市场统一发行，在银行间及交易所债券市场交易，在中央结算公司登记托管	企业债券的发行主体为企业。经国家发展改革委核准，企业债券通过中央结算公司发行系统面向银行间债券市场和交易所市场统一发行，在银行间及交易所债券市场交易，在中央结算公司登记托管。中小企业集合债券是企业债券的一种，由牵头人组织，发债主体为多个中小企业所构成的集合。发行企业各自确定发行额度分别负债，使用统一的债券名称，统收统付。期限一般为3～5年。项目收益债券的发行主体为项目实施主体或其实际控制人，债券募集资金用于特定项目的投资与建设，本息偿还资金完全或主要来源于项目建成后的运营收益。可续期债券是企业债券的一种，发行主体为非金融企业，在银行间债券市场发行。无固定期限，嵌入发行人续期选择权，内含发行人赎回权，具有混合资本属性
	非金融企业债务融资工具	具有法人资格的非金融企业	—	—	在交易商协会注册发行，面向银行间债券市场发行，在银行间债券市场交易，在上清所登记托管（2010年前在中央结算公司托管）	短期融资券（CP）期限在1年以内。超短期融资券（SCP）期限为270天以内。中期票据（MTN）期限在1年以上，其中永续中期票据是中期票据的一种，无固定期限，内含发行人赎回权。中小企业集合票据（SMECN）的发行主体为2～10个具有法人资格的中小非金融企业，以统一产品设计、统一券种冠名、统一信用增进、统一发行注册方式共同发行

续表

债券种类		发行主体	发行主管部门	分类	发行、交易与托管	常见品种
企业信用债券	非金融企业债务融资工具	具有法人资格的非金融企业	—	—	在交易商协会注册发行，面向银行间债券市场发行，在银行间债券市场交易，在上清所登记托管（2010年前在中央结算公司托管）	非公开定向债务融资工具（PPN）非公开发行，面向银行间债券市场特定机构投资人发行，只在特定机构投资人范围内流通转让。资产支持票据（ABN）由企业基础资产产生的现金流作为还款支持。项目收益票据（PRN）的发行主体为非金融企业，在银行间债券市场发行，募集资金用于项目建设且以项目产生的经营性现金流为主要偿债来源。债务融资工具（DFI）是指具有法人资格的非金融企业在银行间债券市场发行的，约定在一定期限内还本付息的有价证券。绿色债券是指募集资金主要用于支持节能减排技术改造、绿色城镇化、能源清洁高效利用、新能源开发利用、循环经济发展、水资源节约和非常规水资源开发利用、污染防治、生态农林业、节能环保产业、低碳产业、生态文明先行示范实验、低碳试点示范等绿色循环低碳发展项目的企业债券
	公司债券	上市公司或非上市公众公司	经中国证监会核准	—	在交易所债券市场公开或非公开发行，在交易所上市交易或在全国中小企业股份转让系统转让，在中证登登记托管	—

续表

债券种类		发行主体	发行主管部门	分类	发行、交易与托管	常见品种
企业信用债券	可转换公司债券	境内的上市公司	—	—	在交易所债券市场发行、交易，在中证登登记托管	可转换债券在一定期间内（不得早于自发行之日起6个月）依据约定条件可以转换成股份，期限为3～5年。可分离债券是认股权和债券分离交易的可转换公司债券，期限最短为1年
资产支持证券	信贷资产支持证券	特定目的信托受托机构（信托公司）	—	—	主要在银行间债券市场发行和交易，也可跨市场发行和交易，在中央结算公司登记托管	—
	企业资产支持证券	券商	—	—	在交易所市场发行和交易，在中证登登记托管	—
熊猫债券		国际开发机构和境外银行	—	—	在银行间债券市场发行、交易，一部分在中央结算公司登记托管，另一部分在上清所登记托管	—
同业存单		存款类金融机构法人	—	—	采用电子化方式通过外汇交易中心公开或定向发行，投资和交易主体为同业拆借市场成员、基金管理公司及基金类产品，在上清所登记托管	固定利率存单期限包括1个月、3个月、6个月、9个月和1年；浮动利率存单期限包括1年、2年和3年

2. 证券交易所交易的资产分类

证券交易所交易的资产分类详见表1-3。

14

表 1-3 证券交易所交易的资产分类

证券产品		分类、特点
股票		A 股，即人民币普通股，是由我国境内公司发行，供境内机构、组织或个人（不含台、港、澳投资者）以人民币认购和交易的普通股股票。 B 股，即人民币特种股票，是以人民币标明流通面值，以外币认购和交易的特种股股票。 优先股，是指依照《公司法》，在一般规定的普通种类股份之外，另行规定的其他种类股份，其股份持有人优先于普通股股东分配公司利润和剩余财产，但参与公司决策管理等权利受到限制。公司因解散、破产等原因进行清算时，公司财产在按照《公司法》和其他有关法律规定进行清偿后的剩余财产，应当优先向优先股股东支付未派发的股息和公司章程约定的清算金额，不足以支付的按照优先股股东持股比例分配。除特殊情况外，优先股股东不出席股东大会会议，所持股份没有表决权。但是公司累计 3 个会计年度或连续 2 个会计年度未按约定支付优先股股息的，优先股股东有权出席股东大会，每股优先股股份享有公司章程规定的表决权
基金	交易型开放式指数证券投资基金	交易型开放式指数证券投资基金（Exchange Traded Fund，ETF），简称"交易型开放式指数基金"，又称"交易所交易基金"。 ETF 是一种跟踪标的指数变化，且在证券交易所上市交易的基金。投资人可以像买卖股票那么简单地去买卖标的指数的 ETF，可以获得与该指数基本相同的报酬率。 ETF 是一种特殊的开放式基金，吸收了封闭式基金可以当日实时交易的优点，投资者可以像买卖封闭式基金或者股票一样，在二级市场买卖 ETF 份额；同时，ETF 也具备开放式基金可自由申购赎回的优点，投资者可以如买卖开放式基金一样，向基金管理公司申购或赎回 ETF 份额。 ETF 通常由基金管理公司管理，基金资产为一篮子股票组合，组合中的股票种类与某一特定指数（如上证 50 指数）包含的成分股票相同，股票数量比例与该指数的成分股构成比例一致。例如，上证 50 指数包含中国银行、中国石化等 50 只股票，上证 50 指数 ETF 的投资组合也应该包含中国银行、中国石化等 50 只股票，且投资比例同指数样本中各只股票的权重对应一致。换句话说，指数不变，ETF 的股票组合不变；指数调整，ETF 投资组合要作相应调整
	实时申赎货币基金	实时申赎货币基金是指货币基金通过交易所场内系统进行实时申购和赎回业务。场内货币基金实时申购业务是指投资者在上交所规定的交易时间提交符合规范的货币基金申购申报，上交所系统实时确认申购申报是否有效，确认有效申购的基金份额当日享受基金收益，下一交易日可赎回；实时赎回业务是指投资者在交易时间提交符合规范的赎回申报，上交所实时确认赎回申报是否有效，确认有效赎回的基金份额对应的资金款项当日可用，下一交易日可提取
	交易型货币市场基金	交易型货币市场基金，是指符合上市条件并在交易系统以竞价方式进行交易，以基金净值申购或者赎回的货币市场基金，基金份额总额不固定且永久存续

续表

证券产品		分类、特点
基金	上市开放式基金（LOF基金）	上市开放式基金，即LOF基金，是指可以在上交所认购、申购、赎回及交易的开放式证券投资基金。投资者既可以通过上交所场内证券经营机构认购、申购、赎回及交易上市开放式基金份额，也可以通过场外基金销售机构认购、申购和赎回上市开放式基金份额。 LOF基金的主要特点如下。 ① 本质上仍是开放基金，基金份额总额不固定，基金份额可以在基金合同约定的时间和场所申购、赎回。 ② 基金发售结合银行等代销机构与上交所交易网络二者的销售优势。 ③ 基金获准在上交所上市交易后，投资者既可以选择在银行等代销机构按当日收市的基金份额净值申购、赎回基金份额，也可以选择在上交所各会员证券营业部按撮合成交价买卖基金份额
	分级LOF基金	分级LOF基金是指通过事先约定基金的风险收益分配，将母基金份额分为预期风险收益不同的子份额，并可将其中部分或全部类别份额上市交易的结构化证券投资基金。上证分级基金的母份额为LOF基金（可由基金管理人选择是否上市交易），可通过上交所场内证券经营机构申购、赎回，可实时分拆为子份额；子份额在上交所场内上市交易，可实时合并为母份额，但子份额不可单独申购、赎回。 分级基金份额结构如下（以融资性分级为例）。 ① 份额结构：分级基金包括母基金份额、A份额和B份额，其中A份额和B份额的基金份额配比始终保持约定的比率不变。 ② 收益约定：A份额获得按基金合同约定的年收益率，基金收益首先分配给A份额，剩余的收益归B份额
债券	国债	国债是国家为筹集财政资金，以其信用为基础，通过向社会筹集资金所形成的债权债务关系。目前，我国国债主要有记账式国债和储蓄国债两种。记账式国债可以上市和流通转让，储蓄国债不可以上市流通。托管在交易所市场的均为记账式国债。记账式国债又分为附息国债和贴现国债两类。附息国债定期支付利息，到期还本付息，期限为1年以上（含1年）；贴现国债以低于面值的价格贴现发行，到期按面值还本，期限为1年以下（不含1年）
	地方债	地方债是指地方政府、地方公共机构发行的债券。一般用于交通、通信、住宅、教育、医院和污水处理系统等的建设，以当地政府的税收能力和其他收入作为还本付息的担保
	政策性银行金融债	政策性银行金融债是由我国政策性银行（国家开发银行、中国农业发展银行和中国进出口银行）为筹集信贷资金，经国务院批准向银行金融机构及其他机构发行的金融债券。按性质分为浮动利率债券、固定利率债券、投资人选择权债券、发行人选择权债券以及增发债券等
	公司债	公司债是指公司依照法定程序发行、约定在一定期限内还本付息的有价证券。公司债以公司制法人作为发行主体，按照法定程序发行，期限在1年期以上，到期还本付息

续表

证券产品		分类、特点
债券	企业债	根据《企业债券管理条例》的规定，企业债是指企业依照法定程序发行、约定在一定期限内还本付息的有价证券。企业债由国家发展改革委作为主管机关，负责发行核准工作。企业债可在银行间市场和交易所市场发行交易，是目前我国唯一的可以跨市场上市交易的信用债品种
	可转换公司债券	可转换公司债券是指在一定时间内可以按照既定的转股价格转换为指定股票的债券。转股权是转债持有者的权利，而非义务，投资者可以选择转股也可以选择继续持有转债。可转债可以看作"债券+股票期权"。除了转股权外，可转债还包含发行人向下修正条款、赎回条款、回售条款等
	可交换债券	可交换债券是指上市公司的股东依法发行、在一定期限内依据约定的条件可以交换成该股东所持有的上市公司股份的债券品种。可交换债券的持有人有权按一定条件将债券交换为标的公司的股票，在此之前可定期获得如纯债一样的票息，若持有到期未行权可获得到期本息偿付。除了换股条款外，可转债的赎回条款、回售条款以及向下修正转（换）股价条款也常出现在可交换债券上
	可分离债券	可分离债券是上市公司公开发行的认股权和债券分离交易的可转换公司债券，是公司债券加上认股权证的组合产品。分离交易可转债由可转债和股票权证两大部分组成，将传统可转换公司债券的转股权利剥离出来，以认股权证的形式送给债券购买者，该认股权证可以独立于债券本身进行转让交易
	资产支持证券（ABS）	资产支持证券是指企业或其他融资主体将合法享有的、缺乏流动性但具有可预测的稳定现金流的资产或资产组合（基础资产）出售给特定的机构或载体（SPV），SPV以该基础资产产生的现金流为支持发行证券，以获得融资并最大化提高资产流动性的一种结构性融资手段。基础资产类型包括企业应收款、租赁债权、信贷资产、信托受益权等财产权利，基础设施、商业物业等不动产财产或不动产收益权，以及中国证监会认可的其他财产或财产权利
	债券基金	债券基金是指专门投资于债券的基金，它通过集中众多投资者的资金，对债券进行组合投资管理，寻求较为稳定的收益。根据中国证监会对于基金类别的分类标准，基金资产80%以上投资于债券的基金为债券基金。债券基金也可以有一小部分资金投资于股票市场，投资于可转债和打新股也是债券基金获得收益的重要渠道
	债券回购交易	债券回购交易是指债券持有人将债券进行质押融资，交易双方约定在回购期满后返还资金和解除质押的交易。资金融入方为正回购方，资金融出方为逆回购方。上交所债券回购交易分为债券质押式回购、债券质押式报价回购和债券质押式协议回购

续表

证券产品	分类、特点
股票期权	股票期权合约为上交所统一制定的、规定买方有权在将来特定时间以特定价格买入或者卖出约定股票或者跟踪股票指数的交易型开放式指数基金（ETF）等标的物的标准化合约。 期权是交易双方关于未来买卖权利达成的合约。就个股期权来说，期权的买方（权利方）通过向卖方（义务方）支付一定的费用（权利金），获得一种权利，即有权在约定的时间以约定的价格向期权卖方买入或卖出约定数量的特定股票或ETF。当然，买方（权利方）也可以选择放弃行使权利。如果买方决定行使权利，卖方就有义务配合

【注】①封闭式基金是采用封闭式运作方式的基金的简称，是指经核准的基金份额总额在基金合同期限内固定不变，基金份额可以在依法设立的证券交易场所交易，但基金份额持有人不得申请赎回的基金。②创新封闭式基金是封闭式基金的一种，采用封闭式运作方式，是指经核准的基金份额总额在基金合同期限内固定不变，基金份额可以在依法设立的证券交易场所交易，但基金份额持有人不得申请赎回的基金。与传统封闭式基金不同的是，创新封闭式基金的投资标的范围和投资者买卖门槛不同。创新封闭式基金不仅投资于二级市场股票及债券等，其投资范围还包括非上市公司股权以及其他经证券监督管理机构认可的产品。投资者通过二级市场买入创新封闭式基金，最小买入单位为10,000份，买入数量应为10,000份的整数倍。③开放式基金是采用开放式运作方式的基金，是指基金份额总额不固定，基金份额可以在基金合同约定的时间和场所申购或者赎回的基金。④交易所交易基金经依法募集的，投资特定证券指数所对应组合证券的开放式基金，其基金份额用组合证券进行申购、赎回，并在证券交易所上市交易。[①]

（二）非标准化债权资产、另类资产

未在公开交易平台交易的债权性资产均可称为"非标准化债权资产"或"另类资产"，但是另类资产除了非标准化债权资产外还包括非上市权益类资产。

1. 非标准化债权资产

根据《商业银行理财业务监督管理办法》，非标准化债权资产是指未在银行间市场及证券交易所市场交易的债权性资产，包括但不限于信贷资产、信托贷款、委托债权、承兑汇票、信用证、应收账款、各类受（收）益权、带回购条款的股权性融资等。

根据《关于规范金融机构资产管理业务的指导意见》，标准化债权类资产应当同时符合以下条件：

① 等分化，可交易；

---

① 参见上交所网站 http://www.sse.com.cn。

② 信息披露充分；

③ 集中登记，独立托管；

④ 公允定价，流动性机制完善；

⑤ 在银行间市场、证券交易所市场等经国务院同意设立的交易市场交易。

按照上述规定及其他相关文件，保险资金投资的权益类资产中的非上市股权投资、私募基金投资，不动产中的基础设施投资计划、不动产投资计划、不动产类保险资产管理产品，以及其他金融资产均属于非标准化债权资产。

2.另类资产

金融市场将银行间市场及证券交易所市场、期货交易所等公开交易平台之外的投资均归为另类投资，其概念的内涵和外延都大于非标准化债权资产投资，包括非上市权益类股权投资和未在银行间市场及证券交易所市场、期货交易所等公开交易平台交易的债权投资，比较典型的另类投资包括私募股权（Private Equity）、风险投资（Venture Capital）、杠杆并购（Leveraged Buyout）、基金的基金（Fund of Funds）以及债权投资计划、信托计划、商业银行理财产品等金融产品和类证券化金融产品以及大宗商品、艺术品投资等。

国家金融监督管理总局相关法规对保险资金投资另类资产有严格的限制，保险公司各类账户配置的资产，主要分为流动性资产、固定收益类资产、权益类资产、另类及其他投资资产。因此，在保险领域，另类投资不包括权益类的非上市股权投资、私募基金投资及其他资产投资。

（三）永续债

世界上第一只永续债券产生于 18 世纪的拿破仑时代，当时的英国财政部为筹备英法战争所需要的资金而发行了一只没有到期期限的债券，开创了永续债券的先河。在中国境内，武汉地铁集团有限公司 2013 年 11 月发行了国内首只可续期企业债；2013 年 12 月 18 日，国电电力发展股份有限公司发行我国债券市场首只永续中票。

永续债对于保险投资的吸引力在于其可以提供稳定的可预测的收益，利息支付约定了明确的日期,一般都会在一定期限内设置一个高票息的赎回机制,约束发行人选择赎回。

1. 永续债的定义

永续债是指经国家发展改革委、中国人民银行、国家金融监督管理总局、中国证监会核准,或经中国银行间市场交易商协会注册、中国证监会授权的证券自律组织备案,依照法定程序发行、附赎回(续期)选择权或无明确到期日的债券,包括可续期企业债、可续期公司债、永续债务融资工具(含永续票据)、无固定期限资本债券等。

2. 金融负债与权益工具的区分

金融负债与权益工具的介绍详见表1-4。

表1-4 金融负债与权益工具

金融负债	权益工具	备注
企业符合下列条件之一的负债。 (1)向其他方交付现金或其他金融资产的合同义务。 (2)在潜在不利条件下,与其他方交换金融资产或金融负债的合同义务。 (3)将来须用或可用企业自身权益工具进行结算的非衍生工具合同,且企业根据该合同将交付可变数量的自身权益工具。 (4)对于附有或有结算条款的金融工具,发行方不能无条件地避免交付现金、其他金融资产或以其他导致该工具成为金融负债的方式进行结算的,应当分类为金融负债	指能证明拥有某个企业在扣除所有负债后的资产中的剩余权益的合同。 金融工具同时满足下列条件的,符合权益工具的定义,应当将该金融工具分类为权益工具。 (1)该金融工具应当不包括交付现金或其他金融资产给其他方,或在潜在不利条件下与其他方交换金融资产或金融负债的合同义务。 (2)将来须用或可用企业自身权益工具结算该金融工具。如为非衍生工具,该金融工具应当不包括交付可变数量的自身权益工具进行结算的合同义务;如为衍生工具,企业只能通过以固定数量的自身权益工具交换固定金额的现金或其他金融资产结算该金融工具。 (3)要求以现金、其他金融资产或以其他导致该工具成为金融负债的方式进行结算的或有结算条款几乎不具有可能性,即相关情形极端罕见、显著异常且几乎不可能发生。 (4)只有在发行方清算时,才需以现金、其他金融资产或以其他导致该工具成为金融负债的方式进行结算	(1)如果一项金融工具须用或可用企业自身权益工具进行结算,需要考虑用于结算该工具的企业自身权益工具,是作为现金或其他金融资产的替代品,还是为了使该工具持有方享有在发行方扣除所有负债后的资产中的剩余权益。如果是前者,该工具是发行方的金融负债;如果是后者,该工具是发行方的权益工具。在某些情况下,一项金融工具合同规定企业须用或可用企业自身权益工具结算金融工具,其中合同权利或合同义务的金额等于可获取或须交付的自身权益工具的数量乘以其结算时的公允价值,则无论该合同权利或合同义务的金额是固定的,还是完全或部分地基于除企业自身权益工具的市场价格以外变量(例如利率、某种商品的价格或某项金融工具的价格)的变

续表

金融负债	权益工具	备注
	（5）符合金融负债定义，但同时具有下列特征的可回售工具[①]，应当分类为权益工具。 ①赋予持有方在企业清算时按比例份额获得该企业净资产的权利。"企业净资产"是扣除所有优先于该工具对企业资产要求权之后的剩余资产；"按比例份额"是清算时将企业的净资产分拆为金额相等的单位，并且将单位金额乘以持有方所持有的单位数量。 ②该工具所属的类别次于其他所有工具类别，即该工具在归属于该类别前无须转换为另一种工具，且在清算时对企业资产没有优先于其他工具的要求权。 ③该工具所属的类别中（该类别次于其他所有工具类别），所有工具具有相同的特征（例如，它们必须都具有可回售特征，并且用于计算回购或赎回价格的公式或其他方法都相同）。 ④除了发行方应当以现金或其他金融资产回购或赎回该工具的合同义务外，该工具不满足"企业会计准则第37号"规定的金融负债定义中的任何其他特征。 ⑤该工具在存续期内的预计现金流量总额，应当实质上基于该工具存续期内企业的损益、已确认净资产的变动、已确认和未确认净资产的公允价值变动（不包括该工具的任何影响）。 （6）符合金融负债定义，但同时具有下列特征的发行方仅在清算时才有义务向另一方按比例交付其净资产的金融工具，应当分类为权益工具。	动而变动的，该合同应当分类为金融负债。 （2）如果一项合同使发行方承担了以现金或其他金融资产回购自身权益工具的义务，即使发行方的回购义务取决于合同对手方是否行使回售权，发行方应当在初始确认时将该义务确认为一项金融负债，其金额等于回购所需支付金额的现值（如远期回购价格的现值、期权行权价格的现值或其他回售金额的现值）。如果最终发行方无须以现金或其他金融资产回购自身权益工具，应当在合同到期时将该项金融负债按照账面价值重分类为权益工具。 （3）对于存在结算选择权的衍生工具（例如合同规定发行方或持有方能选择以现金净额或以发行股份交换现金等方式进行结算的衍生工具），发行方应当将其确认为金融资产或金融负债，但所有可供选择的结算方式均表明该衍生工具应当确认为权益工具的除外

[①] 可回售工具是指根据合同约定，持有方有权将该工具回售给发行方以获取现金或其他金融资产的权利，或者在未来某一不确定事项发生或者持有方死亡或退休时，自动回售给发行方的金融工具。

续表

金融负债	权益工具	备注
	①赋予持有方在企业清算时按比例份额获得该企业净资产的权利。 ②该工具所属的类别次于其他所有工具类别。 ③该工具所属的类别中（该类别次于其他所有工具类别），发行方对该类别中所有工具都应当在清算时承担按比例份额交付其净资产的同等合同义务	

3. 关于永续债发行方会计分类

永续债发行方在确定永续债的会计分类是权益工具还是金融负债（以下简称"会计分类"）时，应当根据"企业会计准则第37号"的规定执行，同时考虑下列因素。

（1）到期日

永续债发行方在确定永续债会计分类时，应当以合同到期日等条款内含的经济实质为基础，谨慎判断是否能无条件地避免交付现金或其他金融资产的合同义务。当永续债合同其他条款未导致发行方承担交付现金或其他金融资产的合同义务时，发行方应当区分下列情况处理。

① 永续债合同明确规定无固定到期日且持有方在任何情况下均无权要求发行方赎回该永续债或清算的，通常表明发行方没有交付现金或其他金融资产的合同义务。

② 永续债合同未规定固定到期日且同时规定了未来赎回时间（初始期限）的。

a. 当该初始期限仅约定为发行方清算日时，通常表明发行方没有交付现金或其他金融资产的合同义务。但清算确定将会发生且不受发行方控制，或者清算发生与否取决于该永续债持有方的，发行方仍具有交付现金或其他金融资产的合同义务。

b.当该初始期限不是发行方清算日且发行方能自主决定是否赎回永续债时，发行方应当谨慎分析自身是否能无条件地自主决定不行使赎回权。如不能，通常表明发行方有交付现金或其他金融资产的合同义务。

（2）清偿顺序

永续债发行方在确定永续债会计分类时，应当考虑合同中关于清偿顺序的条款。当永续债合同其他条款未导致发行方承担交付现金或其他金融资产的合同义务时，发行方应当区分下列情况处理。

① 合同规定发行方清算时永续债劣后于发行方发行的普通债券和其他债务的，通常表明发行方没有交付现金或其他金融资产的合同义务。

② 合同规定发行方清算时永续债与发行方发行的普通债券和其他债务处于相同清偿顺序的，应当审慎考虑此清偿顺序是否会导致持有方对发行方承担交付现金或其他金融资产合同义务的预期，并据此确定其会计分类。

（3）利率跳升和间接义务

永续债发行方在确定永续债会计分类时，应当考虑"企业会计准则第37号"规定的间接义务。永续债合同规定没有固定到期日，同时规定了未来赎回时间，发行方有权自主决定未来是否赎回，且如果发行方决定不赎回则永续债票息率上浮（利率跳升或票息递增），发行方应当结合所处实际环境考虑该利率跳升条款是否构成交付现金或其他金融资产的合同义务。如果跳升次数有限、有最高票息限制（即封顶）且封顶利率未超过同期同行业同类型工具平均的利率水平，或者跳升总幅度较小且封顶利率未超过同期同行业同类型工具平均的利率水平，可能不构成间接义务；如果永续债合同条款虽然规定了票息封顶，但该封顶票息水平超过同期同行业同类型工具平均的利率水平，通常构成间接义务。

4.保险资金投资永续债的风险控制

保险资金配置永续债除了考虑融资方资信状况和偿债能力，还需要特别关注永续债以下几个方面的法律风险：

① 长期信用风险，如政府或政府投资融资平台企业的破产；

② 发行人选择提前赎回的风险，资金错配和机会成本的损失；

③ 利率风险，随着时间的增加，永续债的利率有可能低于当前的利率；

④ 流动性低，在当前设置高票息的情况下，届时出现低利率的情形，发行人选择不赎回的风险。

第三节　信用增级合规与风险控制

一、法规导航

① 《保险资金运用管理办法》；

② 《关于保险资金投资集合资金信托有关事项的通知》；

③ 《债权投资计划实施细则》；

④ 《关于保险资金投资有关金融产品的通知》；

⑤ 《全国法院民商事审判工作会议纪要》。

二、关于保险投资信用增级的理解

1. 法律法规适用

独立保函适用《最高人民法院关于审理独立保函纠纷案件若干问题的规定》，流动性支持协议、差额补足协议、财产份额回购协议适用《中华人民共和国民法典》（以下简称"《民法典》"）、《中华人民共和国合伙企业法》（以下简称"《合伙企业法》"）等法律法规。

2. 关于保证担保

保证担保须明确是连带责任担保，且对担保的范围作出明确约定，即本息全额（投资本金+收益）。

3.关于抵押、质押的要求

因为抵押权的实现是有清偿顺序的，因此保险投资金融产品涉及抵押的，抵押登记须明确是第一顺位的，且不存在同时办理的其他抵押；需要调查核实抵押标的和质押标的是否已经被司法机关采取保全措施，避免出现瑕疵担保。

4.免于信用增级的情形

根据《关于保险资金投资集合资金信托有关事项的通知》，融资主体信用等级为AAA级，且符合下列条件之一的，可免于信用增级：

① 上年末净资产不低于150亿元；

② 最近三年连续盈利；

③ 融资主体募投项目为经国务院或国务院投资主管部门核准的重大工程。

5.信用增级应符合的要求

基础资产为非标准化债权资产的集合资金信托应当确定有效的信用增级安排，并满足以下要求。

① 信用增级方式与融资主体还款来源相互独立。

② 信用增级采用以下方式或其组合。

a.设置保证担保的，应当为本息全额无条件不可撤销连带责任保证担保，担保人信用等级不低于被担保人信用等级，担保行为履行全部合法程序，且同一担保人全部对外担保金额占其净资产的比例不超过50%。由融资主体母公司或实际控制人提供担保的，担保人净资产不得低于融资主体净资产的1.5倍。

b.设置抵押或质押担保的，担保财产应当权属清晰，质押担保办理出质登记，抵押担保办理抵押物登记，经评估的担保财产价值不低于待偿还本息。

③ 不得由金融机构提供任何直接或间接、显性或隐性的担保、回购等代为承担风险的承诺。

④ 融资主体信用等级为 AAA 级，且符合下列条件之一的，可免于信用增级。

a. 上年末净资产不低于 150 亿元；

b. 最近三年连续盈利；

c. 融资主体募投项目为经国务院或国务院投资主管部门核准的重大工程。

三、独立保函在保险投资中的应用

（一）独立保函的性质

根据《最高人民法院关于审理独立保函纠纷案件若干问题的规定》（法释〔2016〕24号）的规定，独立保函是指银行或非银行金融机构作为开立人，以书面形式向受益人出具的，同意在受益人请求付款并提交符合保函要求的单据时，向其支付特定款项或在保函最高金额内付款的承诺。

保函是银行广泛使用的一种担保方式。在国际商会《见索即付保函统一规则》（2010 年修订本）中，见索即付保函或保函无论其如何命名或描述，指根据提交的相符索赔进行付款的任何签署的承诺。

在中国民商法体系下，保函一直以从合同的形式存在，即其是主合同项下的保证担保方式。但是，实践中往往因其书写形式多样，或者缺乏担保合同形式要件等情形产生法律争议。

最高人民法院第一次以司法解释的方式将保函明确为独立保函，它是一种见索即付的类信用证，与保证担保的区别在于独立保函必须具备两项要素：一是据以付款的单据，二是最高金额。

（二）可以开具独立保函的机构

根据最高人民法院的司法解释，可以开具独立保函的机构包括：

① 银行；

② 非银行金融机构。

（三）独立保函应当具备的实质要件和形式要件

1. 实质要件

① 据以付款的单据。

② 最高金额。

2. 形式要件

（1）保函载明见索即付

例如："本行无条件地且不可撤销地承诺，一旦贵方向本行提交符合下列全部条件的索偿通知，本行将在收到该索偿通知后 5 个工作日内无条件地将贵方索偿的款项一次性付往贵方在该索偿通知中指定的账户：

"① 贵方在索偿通知中声明申请人未能完全适当地履行基础合同项下的义务及 / 或责任，并引述申请人所违反的基础合同条款原文；

"② 索偿通知由贵方以书面信函（须注明作成日期并加盖贵方公章）方式出具，注明基础合同的编号（如有）和名称及本保函的编号。"

（2）保函载明适用国际商会《见索即付保函统一规则》等独立保函交易示范规则

如开立和生效、保函和反担保函的独立性、单据与货物、服务或履约行为非单据条件、指示和保函的内容、未被执行的申请、保函或保函修改书的通知、保函金额的变动、交单、索赔通知、索赔的相互独立性、审单、索赔的审核时间、付款等。

（3）根据保函文本内容，开立人的付款义务独立于基础交易关系及保函申请法律关系，其仅承担相符交单的付款责任

开立人的付款义务独立于基础交易关系，即不以基础交易作为款项条件；开立人的付款义务独立于保函申请的法律关系，如委托出具保函的法律关系。

实践中，保险金融机构可以根据保险资金投资的资产配置方式，要求债权人通过提供独立保函的方式为项目公司融资提供增信。

四、安慰函/承诺函、流动性支持协议、差额补足协议、回购协议的法律性质及效力

(一)安慰函/承诺函

安慰函/承诺函通常是指政府(财政部门)或政府融资平台、国有控股企业母公司为借款方融资而向贷款方出具的书面陈述文件,内容或者为表明对借款人清偿债务承担道义上的义务,或者为督促借款人清偿债务,或者为表示愿意帮助借款方还款等。

依据通常的商业惯例,安慰函一般不具有履行担保的法律责任,其本质是一种信用责任。

因此,在司法实践中,人民法院基于商业惯例和安慰函的内容,判定安慰函并没有作出代为清偿责任的意思表示,不符合《民法典》中有关保证的规定,不能构成法律意义上的保证。

根据《民法典》的规定,机关法人不得为保证人,但是经国务院批准为使用外国政府或者国际经济组织贷款进行转贷的除外。以公益为目的的非营利法人、非法人组织不得为保证人。

《中华人民共和国预算法》(以下简称"《预算法》")第三十五条规定,除法律另有规定外,地方政府及其所属部门不得为任何单位和个人的债务以任何方式提供担保。

因此,从政府行政管理的角度,政府部门出具的安慰函也不能具有担保的性质,政府部门出具的安慰函是仅仅起安慰作用的具有公信力的函件。

【案例导航】H 银行与 Z 公司合同纠纷案

1. 案情简介

2010 年 9 月 16 日、2011 年 11 月 30 日,H 银行沈阳分行(以下简称"H 银行")向 X 股份有限公司(以下简称"X 公司")出具授信函,给予其最高不超过 1 亿元的循环贷款授信,同时,某股份有限公司(以下简称"Z 公司")

向H银行出具安慰函,承诺保持对X公司的控制权,维持X公司的运营以使其能够履行该额度下所负的义务等,并在该安慰函中明确表示其并非担保。

2010年9月至2012年7月,H银行与X公司签订了8份循环贷款合同,并履行了放款义务,但X公司在履行合同过程中未能清偿全部贷款本息,尚拖欠部分本息。

2012年12月31日,Z公司以1元的对价将其持有的X公司的集团公司D集团51.06%的股权转让给了Z公司的控股股东E集团,并公告了相关内容。

2013年1月31日,所在地中级人民法院受理F银行分别对X公司、D集团的重整申请。后H银行提交了债权申报表。经X公司破产管理人确认,截至2013年3月21日X公司欠付H银行本息共计42,099,081.59元。

2013年12月31日,X公司重整完毕,H银行获得清偿款2,247,454.08元。

H银行以Z公司擅自转让D集团股权,通过股权转让逃避安慰函项下义务,不履行维持X公司存在和运营的责任,导致X公司无法清偿债务,构成违约为由,向法院起诉要求Z公司承担违约责任。

2. 争议焦点

安慰函的定性及内容即为本案争议焦点。

3. 裁判要点

法院认为:"安慰函通常是指政府或企业控股母公司为借款方融资而向贷款方出具的书面陈述文件,内容或者为表明对借款人清偿债务承担道义上的义务,或者为督促借款人清偿债务,或者为表示愿意帮助借款方还款等。具体来说,Z公司在安慰函中确认事项有七项,分别为:其一,保持通过D集团对借款人的控股权和实际控制力;其二,承诺在作出对全部或部分持股的处分决定时立即通知银行;其三,只要额度仍在使用,将维持借款人的存在和运营,以使其能够履行该额度下所负的义务;其四,在任何时刻都不会采取任何行为致使借款人无法继续经营,使其能够履行该额度下所负的义务;其五,承诺在出现任何可能影响到借款人持续经营的情况时立即通知银行;其六,将向银行提供年度经审计合并财务报表,并促使借款人向银行提供年度经审计财务报表以及银行可能合理要求的其他财务信息；其七，将在权限范围内依照法定程序催促借款人切实履行其与银行之间的信贷责任。

"安慰函中并未明确禁止进行股权转让，Z 公司虽将其所持有的 D 集团股权转让给 E 集团，但 D 集团对 X 公司的控股权并未发生变化，且 E 集团为 Z 公司的控股股东，Z 公司与 E 集团存在关联关系，通过 D 集团仍可实现对 X 公司的实际控制力，该股权转让并不存在恶意规避债务的意图，X 公司的经营亏损也并非因该股权转让而导致，Z 公司转让股权的行为并无明显不妥。Z 公司转让股权已发布了《关联交易公告》及《关于转让 D 集团股权的公告》，公众通过公司网站及公共平台均可查询，应视为其已完成通知行为，Z 公司未单独通知 H 银行转让股权虽然存在瑕疵，但亦无明显不妥。Z 公司转让股权前，累计向 D 集团及其子公司提供了 77 亿多元的借款，Z 公司已尽力维持 X 公司的运营。X 公司与 D 集团经营困难，资不抵债，经其他债权人申请进入破产重整程序，破产管理人及时公告并通知了 H 银行，H 银行也申报了债权，在破产重整程序中得到了部分清偿，X 公司与 D 集团作为法人主体仍然存在并运营，无明显证据证明 Z 公司采取了致使 X 公司无法经营的行为，Z 公司参与破产重整程序的行为亦无明显不妥。综上，Z 公司并无根本违反安慰函承诺、影响 H 银行行使债权的不当行为。

"Z 公司在安慰函中已明确 Z 公司对 X 公司的债务并无担保责任，Z 公司也未在安慰函中明确约定或承诺违反相关承诺后应向 H 银行承担的具体违约责任，故 H 银行依据安慰函要求 Z 公司承担因违约而产生的损失赔偿责任，依据不足……。H 银行作为专业的金融机构，在从事信贷业务的过程中，拥有更为专业的风险防范措施和经验，其选择向 Z 公司放款，但仅接受安慰函，未再要求提供其他形式的担保，相应贷款违约法律风险应自行承担。"

（二）流动性支持协议、差额补足协议

流动性是金融市场的活力体现，因此，一旦母公司对融资方承诺提供流动性支持，一定程度上表明了融资方的还款能力和实力。但是，融资方母公司通

过提供流动性支持而不是提供保证担保，主要是基于降低财务杠杆的需要。从现有的监管机制及风险控制看，母公司财务杠杆已达到警戒线，因此，对于提供流动性承诺函的融资主体及增信措施安排应当给予特别关注。

一般地，银行等金融机构出具的流动性支持承诺函实际上是一种附条件的合同，一旦条件不具备，流动性支持承诺函也就失去增信的作用。而母公司对子公司出具的流动性支持承诺函需要根据合同构成的要件进行判断，如承诺融资方不能按约履行义务时，母公司提供流动性支持，或者承诺不转让股权等，其本质上是安慰函，不具有增信的作用。

差额补足义务是指为保证债权人和债务人之间的债权债务关系，约定当债务人未履行付款义务或特定清算款项不足以支付及/或触发某特定条件时，由第三人对差额部分按照约定承担补足义务。差额补足协议构成"通道业务"的，其外部差额补足关系可能因构成虚假意思表示而无效，其内部借贷关系等其他法律关系则应当考虑是否存在其他法定无效事由以认定效力；构成"刚兑"的，应当被认定为违反效力性强制性规定或违背公序良俗而无效。而在劣后级投资人为差额补足义务人模式中，除存在其他无效事由，投资者之间的差额补足本身并不构成违法无效或违背公序良俗无效。

【案例导航】雷某与 Z 公司证券托管纠纷案

1. 案情简介

上海某科技股份有限公司（以下简称"C 公司"）于 2012 年 4 月发行 2011 年公司债券（以下简称"11C 债"）10 亿元。Z 证券股份有限公司（以下简称"Z 公司"）是 11C 债的受托管理人。2013 年 3 月初，雷某分两次买入当时信用评级为 AA- 级的 11C 债 2170 张。4 月 11 日，C 公司公告 11C 债信用等级下调为 BBB+ 级。5 月 21 日，C 公司公告 11C 债信用等级下调为 CCC 级。

2014 年 3 月 5 日，C 公司发布公告称不能全额支付 11C 债共计 8,980 万元的利息，只能支付利息 400 万元。雷某所持 11C 债未能得到 18,618.6 元利息。

2014 年 5 月 30 日，11C 债被终止上市。

2014年6月26日至12月26日，C公司重整完毕。雷某收回了投入的本金，并取得了截至2014年6月26日的利息。

雷某认为，Z公司未尽受托管理人的义务，致使其损失了利息与罚息，故起诉法院要求Z公司予以赔偿。

2. 裁判要点

法院认为，雷某与Z公司之间成立证券托管关系。Z公司应按照募集说明书以及其与C公司所签债券受托管理协议的约定全面履行自己的义务。但现有的证据不足以证明Z公司未履行相应义务，故判决驳回雷某的诉讼请求。

其中法院特别说明："偿债应急保障方案中说明有专项偿债流动资金支持协议，以保障债券本息的偿付，并列明了C公司与两家银行的协议主要条款。但是从所列内容看，两家银行提供给C公司的是授信额度，双方就每笔流动性支持资金需要另行签订贷款合同，两家银行需要根据C公司提供的材料进行授信审核。可见，两家银行提供贷款只是一种可能，并非必然。"

一般地，如果融资主体的母公司提供的流动性支持协议或者差额补足协议明确约定融资方不能按约履行义务时，债权人有权要求签订流动性支持协议或者差额补足协议方履行义务的，则构成法定的合同义务，其实质上构成了担保，具有增信的作用。

【案例导航】关于差额补足协议

SWS环保股份有限公司为SWS华鑫股权投资基金提供差额补足增信的公告中有："本次拟签订的差额补足协议中约定，公司对优先级合伙人、华鑫宽众的预期投资收益及实缴出资额负有差额补足的义务。差额补足事宜属于实质意义上的担保行为，本次为国泰君安及华鑫宽众提供担保的金额不超过48,990万元，占公司最近一期经审计净资产的65.99%。"

新疆TJT健康产业股份有限公司关于签署《有限合伙份额远期受让及差额补足协议》的公告："根据公司与XD证券签订的《有限合伙份额远期受让及差额补足协议》，公司主要承担如下义务：在发生《有限合伙份额远期受让及差额补足协议》约定的条件时，公司按照约定无条件不可撤销地受让 XD 证券届时持有的全部优先级有限合伙份额及对 XD 证券的固定收益进行差额补足。……公司负有义务按《有限合伙份额远期受让及差额补足协议》的约定受让 XD 证券持有的全部有限合伙份额及对 XD 证券的固定收益进行差额补足。因此，公司存在承担债务清偿责任的法律风险。"

综上，除了金融实践中已经约定俗成的商业惯例外，应当依据《民法典》对相关承诺函或者协议进行合同要件的判定，最终确定项目产品的增信措施是否符合法定要求。判定路径如图 1-1 所示。

图 1-1 判定路径

一般地，具有增信作用、构成合同要件的承诺函、流动性支持协议、差额补足协议，其目的是降低融资方财务杠杆，实践中为了降低交易法律风险，上述协议需要严格地设计为并存的债务承担，即在融资主体按约不能履约时，债权人可以径直向承诺方要求承担履约义务，但是不免除融资方履约义务。

因此，从本质上讲，这种并存的债务承担（流动性支持协议、差额补足协议）和承担连带责任、保证责任具有同等的法律效力。

（三）回购协议

回购协议是投融资领域普遍使用的一种收益保障的合同设计，投资方为了确保投资能够按期收回，一般在债权性融资和股权融资中，与融资主体、融资主体的实际控制人或者关联方约定在特定条件下和一定期限内通过回购的方式保障投资方的本金和收益。

通常情况下，在债权融资中，投资方通过约定高额违约金的方式要求融资方的实际控制人或者母公司或者其他关联公司在不能提供担保的情形下采用回购的方式解决增信问题。

但是，对于投资方以股权形式投资于项目公司，并与项目公司签订回购协议，除《公司法》所限定的股东可以要求公司回购股权的情形外，司法实践中基于保护其他债权人利益的考量，公司回购自己股东的股权一般被认定因损害其他债权人的利益而无效。

对于投资方与目标公司的股东或者实际控制人订立的"对赌协议"，如无其他无效事由，认定有效并支持实际履行。

投资方与目标公司订立的"对赌协议"在不存在法定无效事由的情况下，目标公司仅以存在股权回购或者金钱补偿约定为由，主张"对赌协议"无效的，人民法院不予支持，但投资方主张实际履行的，人民法院应当审查是否符合《公司法》关于"股东不得抽逃出资"及股份回购的强制性规定，判决是否支持其诉讼请求。

【案例导航】H公司与Z公司、D公司、陆某增资纠纷

1. 案情简介

2007年11月1日前，Z有限公司（以下简称"Z公司"）、H投资有限公司（以下简称"H公司"）、D有限公司（以下简称"D公司"）、陆某共同签订一份《Z公司增资协议书》（以下简称"《增资协议书》"），由H公司以现金2,000万元对Z公司进行增资。《增资协议书》第七条第（二）项是关于业绩目标的约定：Z公司2008年净利润不低于3,000万元；如果Z公司2008年净利润达不到3,000万元，H公司有权要求Z公司予以补偿；如果Z公司未能履行补偿义务，H公司有权要求D公司履行补偿义务。

2007年11月1日，H公司、D公司签订《中外合资经营Z公司合同》（以下简称"《合资经营合同》"），H公司出资15.38万美元，占注册资本的

3.85%；D公司出资384万美元，占注册资本的96.15%。H公司应于本合同生效后十日内一次性向合资公司缴付2,000万元，超过其认缴的合资公司注册资本的部分，计入合资公司资本公积金。如果至2010年10月20日，由于合资公司自身的原因造成无法完成上市，则H公司有权在任一时刻要求D公司回购届时H公司持有的合资公司的全部股权。

由于Z公司2008年的净利润未达到约定金额，故H公司向法院起诉要求Z公司、D公司、陆某承担补偿责任。一审法院认为《增资协议书》第七条第（二）项违反了法律、行政法规的强制性规定，故驳回了H公司的诉讼请求。H公司不服一审判决，提起上诉。二审法院认为虽然《增资协议书》第七条第（二）项由于违反法律而无效，但H公司投入Z公司的资金可以认定为借款，要求Z公司、D公司予以返还并支付相应利息。Z公司、D公司不服二审判决，请求再审。再审法院最终判决D公司向H公司支付补偿款。

2. 争议焦点

① 《增资协议书》第七条第（二）项内容是否具有法律效力；

② 如果具有法律效力，Z公司、D公司、陆某应否承担补偿责任。

3. 裁判要点

最高人民法院认为："H公司作为企业法人，向Z公司投资后与D公司合资经营，故Z公司为合资企业。Z公司、H公司、D公司、陆某在《增资协议书》中约定，如果Z公司2008年净利润低于3,000万元，则H公司有权从Z公司处获得补偿，并约定了计算公式。这一约定使得H公司的投资可以取得相对固定的收益，该收益脱离了Z公司的经营业绩，损害了公司利益和公司债权人利益，一审法院、二审法院根据《公司法》[①]第二十条和《中华人民共和国中外合资经营企业法》第八条的规定认定《增资协议书》中的这部分条款无效是正确的。

"《增资协议书》中并无由陆某对H公司进行补偿的约定，H公司请求陆某进行补偿，没有合同依据。

---

① 本案例中的《公司法》为2013年修正。

"但是，在《增资协议书》中，D公司对H公司的补偿承诺并不损害公司及公司债权人的利益，不违反法律法规的禁止性规定，是当事人的真实意思表示，是有效的。D公司对H公司承诺了Z公司2008年的净利润目标并约定了补偿金额的计算方法。在Z公司2008年的利润未达到约定目标的情况下，D公司应当依约应H公司的请求对其进行补偿。D公司对H公司请求的补偿金额及计算方法没有提出异议，本院予以确认。"

最高人民法院的上述判决，确定了如下原则：

① 投资机构向目标企业进行股权投资时，若目标企业不能完成一定的经营业绩，则应向投资机构进行补偿，此类约定为无效，即投资机构与目标企业对赌的，对赌条款无效。

② 投资机构向目标企业股权投资时，若投资机构不能完成一定的经营业绩，由目标企业控股股东、实际控制人或目标企业以外的其他方对投资机构进行补偿，此类约定有效。

【案例导航】T公司与X公司及J公司的纠纷

1. 案情简介

2010年6月8日，T资本管理有限公司（以下简称"T公司"）与目标公司J智能科技有限公司（以下简称"J公司"），以及原股东X科技发展有限公司（以下简称"X公司"）三方签订了《增资扩股协议》。在《增资扩股协议》中各方约定，如果目标公司不能在2013年12月31日前完成IPO上市，则投资方T公司有权要求目标公司或原股东X公司回购投资方T公司所持有目标公司的全部股份，目标公司及原有股东对该股权回购义务承担履约连带责任。之后，由于J公司未能如期完成IPO上市，作为投资人的T公司依据《增资扩股协议》第六条的约定，委托律师发送律师函，要求J公司、X公司回购T公司持有的J公司的股份。

一审法院判决X公司向T公司支付股权回购款及相应利息，J公司就X公司上述付款义务承担连带责任。二审法院认可一审法院的部分裁判,驳回J公司就X公司付款义务承担连带责任的判决。再审法院判决X公司向T公司支付股权回购款及相应利息,J公司对X公司上述本息不能清偿部分承担二分之一赔偿责任。

2. 争议焦点

① 2010年6月9日的股东会决议能否证明T公司明知J公司内部决议程序;

② J公司应否对X公司的股权回购义务承担履约连带责任;

③ J公司应否承担"连带责任条款"无效后的过错赔偿责任。

3. 裁判要点

(1) 2010年6月9日的股东会决议能否证明T公司明知J公司内部决议程序

根据再审查明的事实情况,《增资扩股协议》签订于2010年6月8日,在此之前T公司与J公司、X公司就增资扩股等事宜进行磋商,而此时J公司的公司章程中并没有关于公司对外担保议事程序的规定,至2010年6月9日才召开股东会决议对公司章程进行修订,增加了公司担保,包括股东、实际控制人及其关联方提供担保的内部决议程序。可见,T公司在签订《增资扩股协议》时,J公司的公司章程中并无公司对外担保议事程序的相关规定,因此,2010年6月9日的股东会决议不能证明《增资扩股协议》签订时T公司已经知道J公司规定对股东提供担保须经过股东会决议。二审法院将2010年6月9日的股东会决议作为新证据采信,以后来发生的事实来判断此前行为人的审查注意义务,认定T公司在签订《增资扩股协议》时非善意相对人,违背了新证据须与待证事实存在关联性的客观要求,属于证据采信不当。

(2) J公司应否对X公司的股权回购义务承担履约连带责任

《增资扩股协议》中约定X公司在约定触发条件成就时按照约定价格回购T公司持有的J公司股权,该约定实质上是投资人与目标公司原股东达成的特定条件成就时的股权转让合意,该合意系当事人真实意思表示,亦不存在违反《公司法》规定的情形,二审判决认定X公司与T公司约定的股权回购条款有效,且触发回购条件成就,遂依协议约定判决X公司支付股权回购款本金及利息,适用法律正确,法院再审予以维持。X公司辩称《增资扩股协议》约定的股权回购条款无效、回购条件不成就,没有事实和法律依据。

至于《增资扩股协议》中约定J公司对X公司的股权回购义务承担履约连带责任的条款效力问题,法院认为,首先,J公司不是股权回购的义务主体,并不产生J公司回购本公司股份的法律后果,即不存在X公司答辩中称《增资扩股协议》约定J公司对X公司的股权回购义务承担履约连带责任的条款违反《公司法》第三十五条、第三十六条、第三十七条第一款第(七)项及第七十四条规定的情形。其次,《增资扩股协议》第6.2.1条约定J公司对X公司负有的股权回购义务承担履约连带责任,并未明确为连带担保责任。T公司在一审中也诉请J公司对X公司承担的股份回购价款及涉及的税款承担连带责任。但是,J公司、X公司二审上诉中称:"T公司明知未经股东会批准,而约定由J公司对X公司提供担保,有违《公司法》第十六条第二款的规定,其请求亦不应得到支持。"T公司亦抗辩称:"《公司法》第十六条第二款属于管理性强制性规定,即使J公司所提供的该担保未经股东会议决议,也不影响担保的有效性。"二审法院在双方当事人将《增资扩股协议》第6.2.1条约定的连带责任解释为连带担保责任的基础上,适用《公司法》第十六条第二款的规定裁判本案。法院再审认为,连带担保责任属于连带责任的情形之一,但连带担保责任有主从债务之分,担保责任系从债务。双方当事人将连带责任理解为连带担保责任,并未加重J公司的责任负担,且从T公司诉请J公司的责任后果看,是对X公司承担的股权回购价款本息承担连带责任,仍然属于金钱债务范畴,也与J公司实际承担的法律责任后果一致,法院再审予以确认。因此,二审判决依据《公司法》第十六条第二款关于公司对控股股东、实际控制人提供担保的相关规定来裁判J公司对X公司的股权回购义务承担履约连带责任的条款效力,并无不当。再次,T公司申请再审称《公司法》第十六条第二款的规定系管理性规范,J公司承诺为X公司的股权回购义务承担履约连带责任,虽然未经J公司股东会决议通过,亦不影响公司承诺担保条款的效力,并提交最高人民法院相关案例佐证。法院再审认为,《公司法》第十六条第二款明确规定:"公司为公司股东或者实际控制人提供担保的,必须经股东会或者股东大会决议。"该条规定的目的是防止公司股东或实际控制人利用控股地位,损害公司、其他股东或公司债权人的利益。对于合同相对人在接受公司为其股东或实际控制人提供担保时,是否对担保事宜经过公司股东会决议负有审查义务及未尽该审查义务是否影响担保合同效力,《公司法》及其司法解释未作明确规定。二审法院认为,虽然 J 公司在《增资扩股协议》中承诺对 X 公司进行股权回购义务承担连带责任,但并未向 T 公司提供相关的股东会决议,亦未得到股东会决议追认,而 T 公司未能尽到基本的形式审查义务,从而认定 J 公司法定代表人向某代表公司在《增资扩股协议》上签字、盖章的行为,对 T 公司不发生法律效力,适用法律并无不当。

(3) J 公司应否承担"连带责任条款"无效后的过错赔偿责任

T 公司在签订《增资扩股协议》时,因 J 公司的公司章程中并无有关公司对外担保议事程序的规定,T 公司有合理理由相信向某有权代表公司对外签订有担保意思表示内容的《增资扩股协议》,但其未能尽到要求目标公司提交股东会决议的合理注意义务,导致担保条款无效,对协议中约定的担保条款无效自身存在过错。而 J 公司在公司章程(2009 年 6 月 9 日之前)中未规定公司对外担保及对公司股东、实际控制人提供担保议事规则,导致公司法定代表人使用公章的权限不明,法定代表人向某未经股东会决议授权,越权代表公司承认对 X 公司的股权回购义务承担履约连带责任,其对该担保条款无效也应承担相应的过错责任。《最高人民法院关于适用〈中华人民共和国担保法〉若干问题的解释》第七条规定:"主合同有效而担保合同无效,担保人无过错的,担保人不承担民事责任;担保人有过错的,担保人承担民事责任的部分,不应超过债务人不能清偿部分的二分之一。"根据该条规定,T 公司、J 公司对《增资扩股协议》中约定的"连带责任"条款无效均存在过错,J 公司对 X 公司承担的股权回购款及利息,就不能清偿部分承担二分之一的赔偿责任。

（4）目标公司应承担"连带责任条款"无效后的过错赔偿责任

T公司未能尽到要求目标公司提交股东会决议的合理注意义务，导致担保条款无效，对协议中约定的担保条款无效自身存在过错。而J公司法定代表人向某未经股东会决议授权，越权代表公司承认对X公司的股权回购义务承担履约连带责任，其对该担保条款无效也应承担相应的过错责任。

上述法院的判决确立了如下原则。

① 投资机构与目标企业股东就目标企业的上市期限进行对赌时，若目标企业未能在约定期限完成上市，则目标企业控股股东或其指定方应向投资机构回购股权并支付股权转让款，此类条款约定有效。

② 在目标公司股东或其指定方需要向投资机构回购目标公司股权且支付股权转让款时，目标企业就上述股东的付款义务承担连带担保责任的，经目标公司股东会或者股东大会决议的，该类条款约定有效；未经股东会或者股东大会决议的连带责任担保无效。

③ 目标公司越权为控股股东或者实际控制人回购股权提供连带责任的，承担过错责任。

【案例导航】L投资中心与高某股权转让纠纷

1. 案情简介

2011年4月22日，D公司、L投资中心（普通合伙）及高某（D公司实际控制人）签署了《D公司增资协议》，约定由L投资中心对D公司进行增资；同日，L投资中心与高某签署了《D公司增资协议》之补充协议，对增资后D公司的经营业绩指标、公司上市及回购股权等事宜作出约定。

2013年9月17日，L投资中心与高某签订了协议书，约定了高某回购L投资中心持有的D公司股权等事宜。协议签订后，至2014年3月31日，高某并未按约定付款，尚欠L投资中心转让款6,447,945元。

2013年9月22日，高某将D公司价值19,021,643元的股权质押给L投资中心，但仍未付清所欠款项，故L投资中心向法院提起诉讼。

2. 裁判要点

法院认为："根据协议书的约定，被告高某未按照协议约定的时间支付股权转让款，L投资中心有权要求被告高某支付逾期付款违约金，故对于L投资中心要求被告高某从2013年10月1日起以第一笔未付款项金额3,719,178元为本金计算违约金至实际付清之日止及要求被告高某从2014年1月1日起以第二笔未付款项金额8,854,520元为本金计算违约金至实际付清之日止的诉讼请求，于法有据，本院予以支持。对于L投资中心主张计算违约金的标准，根据协议书的约定，每逾期一日，被告高某应按照应付金额的千分之一向L投资中心支付逾期付款违约金。被告高某在向本院提交的书面答辩状中认为L投资中心主张计算违约金的标准过高，请求法院予以调整。当事人一方可以约定一方违约时应当根据违约情况向对方支付一定数额的违约金，也可以约定因违约产生的损失赔偿额的计算方法。约定的违约金低于造成的损失的，当事人可以请求人民法院或者仲裁机构予以增加；约定的违约金过分高于造成的损失的，当事人可以请求人民法院或者仲裁机构予以适当减少。考虑到本案中被告高某违约给L投资中心造成的损失为资金占用的损失，且被告高某已向本院提交了书面答辩状请求人民法院适当降低违约金的计算标准，本院认为L投资中心主张违约金计算标准过高，本院按照不超过中国人民银行同期贷款利率四倍的标准依法调整违约金的计算标准。"

法院的上述判决，确立了如下原则。

目标企业原股东或其指定方未能按协议约定承担回购义务、支付股份转让款时，应按一定比例承担违约责任，该类条款约定有效，但是约定的违约金过分高于造成的损失的，法院予以调减，一般按不超过中国人民银行同期贷款利率四倍的标准调整违约金的标准计算。

五、保险投资增信措施之担保合同合规治理

（一）保险投资有关担保合同的相关规定

保险投资的一个重要领域就是利用债权投资计划、股权投资计划等，支持重大基础设施、棚户区改造、城镇化建设等民生工程和国家重大工程。而各地政府对于上述领域投融资主要是利用政府出资的平台公司或者地方政府作为出资人和管理人的大型国有企业完成，因此，在保险投资过程中经常出现国资控股公司为下属子公司投融资提供担保的情形。国有企业对外提供担保，根据《中华人民共和国企业国有资产法》（以下简称"《企业国有资产法》"）的规定，应当根据公司章程的规定，由董事会审议或者报上级主管部门决定，且根据《公司法》的规定，公司对外担保应当根据公司章程的规定，经公司董事会或者股东大会审议。

据此，根据《民法典》及其司法解释，公司的法定代表人违反《公司法》关于公司对外担保决议程序的规定，超越权限代表公司与相对人订立担保合同，人民法院应当依照《民法典》的规定处理。

① 相对人善意的，担保合同对公司发生效力；相对人请求公司承担担保责任的，人民法院应予支持。

② 相对人非善意的，担保合同对公司不发生效力；相对人请求公司承担赔偿责任的，参照适用《最高人民法院关于适用〈中华人民共和国民法典〉有关担保制度的解释》第十七条的有关规定。

善意，是指相对人在订立担保合同时不知道且不应当知道法定代表人超越权限。相对人有证据证明已对公司决议进行了合理审查，人民法院应当认定其构成善意，但是公司有证据证明相对人知道或者应当知道决议系伪造、变造的除外。

有下列情形之一，公司以其未依照《公司法》关于公司对外担保的规定作出决议为由主张不承担担保责任的，人民法院不予支持。

① 金融机构开立保函或者担保公司提供担保；

② 公司为其全资子公司开展经营活动提供担保；

③ 担保合同由单独或者共同持有公司三分之二以上对担保事项有表决权的股东签字同意。

上市公司对外提供担保，不适用上述第②项、第③项的规定。

《最高人民法院关于适用〈中华人民共和国民法典〉有关担保制度的解释》第九条规定："相对人根据上市公司公开披露的关于担保事项已经董事会或者股东大会决议通过的信息，与上市公司订立担保合同，相对人主张担保合同对上市公司发生效力，并由上市公司承担担保责任的，人民法院应予支持。

"相对人未根据上市公司公开披露的关于担保事项已经董事会或者股东大会决议通过的信息，与上市公司订立担保合同，上市公司主张担保合同对其不发生效力，且不承担担保责任或者赔偿责任的，人民法院应予支持。

"相对人与上市公司已公开披露的控股子公司订立的担保合同，或者相对人与股票在国务院批准的其他全国性证券交易场所交易的公司订立的担保合同，适用前两款规定。"

一人有限责任公司为其股东提供担保，公司以违反《公司法》关于公司对外担保决议程序的规定为由主张不承担担保责任的，人民法院不予支持。公司因承担担保责任导致无法清偿其他债务，提供担保时的股东不能证明公司财产独立于自己的财产，其他债权人请求该股东承担连带责任的，人民法院应予支持。

《最高人民法院关于适用〈中华人民共和国民法典〉有关担保制度的解释》第十七条就以下两种情形进行了规定。

第一种情形：主合同有效而第三人提供的担保合同无效，人民法院应当区分不同情形确定担保人的赔偿责任：

① 债权人与担保人均有过错的，担保人承担的赔偿责任不应超过债务人不能清偿部分的二分之一；

② 担保人有过错而债权人无过错的，担保人对债务人不能清偿的部分承担赔偿责任；

③ 债权人有过错而担保人无过错的，担保人不承担赔偿责任。

第二种情形：主合同无效导致第三人提供的担保合同无效，担保人无过错的，不承担赔偿责任；担保人有过错的，其承担的赔偿责任不应超过债务人不能清偿部分的三分之一。

问：如何计算 B 类信用增级方式（保证担保）中同一担保人全部担保金额占其净资产的比例不超过 50%？

答：根据担保人子公司中是否有担保公司及是否采用担保人合并报表财务数据，计算方式不同，具体如下。

（1）担保人子公司中无担保公司

① 若使用担保人母公司本级财务数据，则计算方式为：（母公司对子公司担保金额＋母公司对非子公司担保金额）/母公司本级所有者权益。

② 若使用担保人合并报表财务数据，则计算方式为：（母公司对非子公司担保金额＋子公司对非子公司担保金额）/归属于母公司所有者权益。

（2）担保人子公司中有担保公司

可根据担保子公司具体情况，分别在分子、分母中合理剔除担保子公司对外担保金额及担保子公司所有者权益。

上述计算方式中，子公司是指担保人合并范围内子公司，非子公司是指合并范围外的其他公司；担保金额及所有者权益可以不局限于会计年末数据，但应为经审计的同一时间节点数据。

（二）保险投资有关担保合同的效力

在保险投资过程中经常会出现国资控股公司为下属子公司投融资提供担保的情形，主要有两大风险。

风险一：公司对外担保未经董事会审议。

风险二：公司未取得其上级主管部门备案。

国资控股公司为下属子公司投融资提供担保的情形如图 1-2 所示。

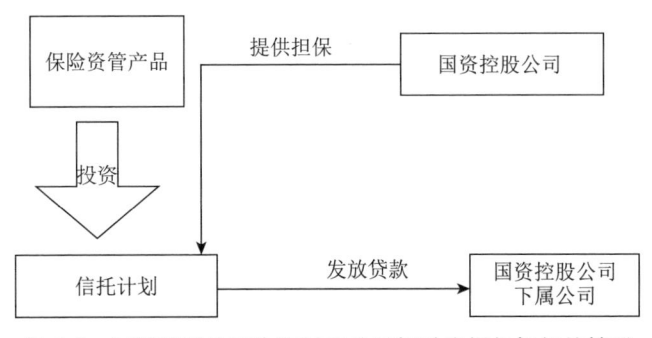

```
         提供担保
保险资管产品 ──────→ 国资控股公司
    │
    │ 投资
    ▼
            发放贷款       国资控股公司
  信托计划 ──────→       下属公司
```

图 1-2　国资控股公司为下属子公司投融资提供担保的情形

1. 国有企业对外担保未经董事会审议，是否有效？

（1）为公司股东或者实际控制人提供关联担保

债权人主张担保合同有效，应当提供证据证明其在订立合同时对股东（大）会决议进行了审查，决议的表决程序符合《公司法》的规定，即在排除被担保股东表决权的情况下，该项表决由出席会议的其他股东所持表决权的过半数通过，签字人员也符合公司章程的规定。

（2）为公司股东或者实际控制人以外的人提供非关联担保

债权人主张担保合同有效，需要证明其在订立担保合同时对董事会决议或者股东（大）会决议进行了审查，同意决议的人数及签字人员符合公司章程的规定。

2. 国有企业对外担保未取得其上级主管部门批准或备案，是否有效？

国有企业仅未履行国资委规定的有关审批备案手续的，不影响其对外签署担保合同的效力。

【案例导航】A 投资集团公司、Z 银行金融借款合同纠纷

A 投资集团公司为国有独资公司，法律并未规定国有独资公司对外担保必须经过国有资产管理机构的审批程序，同时也未有法律明确规定国有独资公司签订对外担保合同必须经过批准方能生效，因此本案中 A 投资集团公司与 Z 银行形成的担保合同不属于必须经过审批方可生效的合同。

法院认为,《中华人民共和国合同法》(以下简称"《合同法》")第四十四条规定"依法成立的合同,自成立时生效。法律、行政法规规定应当办理批准、登记等手续生效的,依照其规定",那么,A投资集团与Z银行之间的担保合同是否已经生效,取决于该合同是否属于法律、行政法规规定的应当办理批准、登记等手续才生效的合同。

A投资集团主张,其系国有独资公司,按照其公司章程以及《企业国有资产法》第三十条、第三十二条等的规定,对外担保事项必须经过审批程序。《企业国有资产法》第三十条规定:"国家出资企业合并、分立、改制、上市,增加或者减少注册资本,发行债券,进行重大投资,为他人提供大额担保……等重大事项,应当遵守法律、行政法规以及企业章程的规定,不得损害出资人和债权人的利益。"第三十二条规定:"国有独资企业、国有独资公司有本法第三十条所列事项的,除依照本法第三十一条和有关法律、行政法规以及企业章程的规定,由履行出资人职责的机构决定的以外,国有独资企业由企业负责人集体讨论决定,国有独资公司由董事会决定。"《公司法》(2013年)规定:"国有独资公司不设股东会,由国有资产监督管理机构行使股东会职权。国有资产监督管理机构可以授权董事会行使股东会的部分职权,但公司的分立、合并、解散、增加或者减少注册资本和发行公司债券,必须由国有资产监督管理机构决定。"上述法律并未规定国有独资公司对外担保必须经过国有资产管理机构的审批程序,同时也未有法律明确规定国有独资公司签订对外担保合同必须经过批准方能生效,因此本案A投资集团与Z银行形成的担保合同不属于必须经过审批方可生效的合同。A投资集团申请再审称因合同未经批准未生效的意见缺乏法律依据,不能成立。

六、强制执行效力的公证文书在保险投资领域的运用

《关于充分发挥公证书的强制执行效力服务银行金融债权风险防控的通知》的相关规定如下。

① 公证机构可以对银行业金融机构运营中所签署的符合《中华人民共和国公证法》第三十七条规定的以下债权文书赋予强制执行效力。

a. 各类融资合同，包括各类授信合同，借款合同、委托贷款合同、信托贷款合同等各类贷款合同，票据承兑协议等各类票据融资合同，融资租赁合同，保理合同，开立信用证合同，信用卡融资合同（包括信用卡合约及各类分期付款合同）等；

b. 债务重组合同、还款合同、还款承诺等；

c. 各类担保合同、保函；

d. 符合本通知第二条规定条件的其他债权文书。

② 公证机构对银行业金融机构运营中所签署的合同赋予强制执行效力应当具备以下条件。

a. 债权文书具有给付货币、物品、有价证券的内容；

b. 债权债务关系明确，债权人和债务人对债权文书有关给付内容无疑义；

c. 债权文书中载明债务人不履行义务或不完全履行义务时，债务人愿意接受依法强制执行的承诺。该项承诺也可以通过承诺书或者补充协议等方式在债权文书的附件中载明。

银行业金融机构申办强制执行公证，应当协助公证机构完成对当事人身份证明、财产权利证明等与公证事项有关材料的收集、核实工作；根据公证机构的要求通过修改合同、签订补充协议或者由当事人签署承诺书等方式将债务人、担保人愿意接受强制执行的承诺、出具执行证书前的核实方式、公证费和实现债权的其他费用的承担等内容载入公证的债权文书中。

③ 保险金融机构在保险资金运用中使用强制执行效力的公证文书。

第四节　资产管理业务合规与风险控制

一、法律导航

① 《关于规范金融机构资产管理业务的指导意见》；
② 《保险资产管理产品管理暂行办法》；
③ 《组合类保险资产管理产品实施细则》；
④ 《债权投资计划实施细则》；
⑤ 《股权投资计划实施细则》；
⑥ 《关于修改保险资金运用领域部分规范性文件的通知》；
⑦ 《关于保险资金财务性股权投资有关事项的通知》；
⑧ 《关于保险资金投资有关金融产品的通知》；
⑨ 《关于优化保险公司权益类资产配置监管有关事项的通知》；
⑩ 《关于保险资金投资集合资金信托有关事项的通知》；
⑪ 《银行保险机构关联交易管理办法》；
⑫ 《信托公司资金信托管理暂行办法（征求意见稿）》；
⑬ 《保险资金委托投资管理办法》。

二、保险资产管理机构及资产管理业务

保险资产管理机构是指经国家金融监督管理总局批准，依法登记注册、受托管理保险资金等资金的金融机构，包括保险资产管理公司及其子公司、其他专业保险资产管理机构。

保险资产管理机构作为受托人，可以接受客户委托，以委托人名义开展资产管理业务，也可以设立资产管理产品，为受益人利益或者特定目的开展资产

管理业务。保险资产管理公司除受托管理保险资金外，还可受托管理养老金、企业年金、住房公积金等机构的资金和能够识别并承担相应风险的合格投资者的资金。

（一）保险资产管理机构

1. 保险资管机构内部设置

① 在董事会、经营管理层下设专业委员会负责信用风险管理。

② 独立的股票投资部门、独立的信用评估部门、独立的资产管理部门（资产管理部门内部设立独立的股权/不动产投资部门）。

③ 事业部。

④ 负责股指期货交易的投资交易、风险管理、清算核算、内部稽核等部门。

2. 保险机构投资管理能力监管

① 独立问责：分工明确、相互制衡、失职问责、尽职免责、独立问责。

② 专门委员会：董事会、经营管理层下设专业委员会负责管理，并明确董事会、经营管理层及各专业委员会在管理条线的权责界限、履职机制。

③ 内部设置：除了开展经营所需设立的投资交易部、风险管理部、清算核算部、内部稽核部外，根据国家金融监督管理总局监管的要求，需要设立独立的信用评估部（与投资部门相互独立，并由不同高管分管）、独立的债权投资计划事业部（基础设施或者非基础设施类不动产项目投资）、独立的股权投资计划事业部、独立的资产管理部，资产管理部下设不动产投资部或团队、股票投资部或团队、股权投资部或团队（直接股权投资、间接股权投资）。

④ 尽职调查：尽职调查制度应当明确参加人员、工作程序、业务记录、监督检查等内容，主要原始资料、评估工作底稿、尽职调查报告、评审会议记录、信用评级报告等业务档案保存完整。

⑤ 保证担保：采用第三方保证担保增信方式的，应当明确规定担保人资质、担保人资产流动性、担保人财务弹性、担保条款、交叉担保效力影响增信的程度等。

⑥ 抵押担保：采用抵押、质押增信方式的，应当明确抵押或者质押资产性

质、抵押或者质押比例的充足程度、抵押物或者质押物的流动性，以及具体的抵押质押条款等。

（二）保险资产管理业务存在的问题

1. 有关投资决策运行机制的问题

① 大股东或实际控制人违反监管规定，或绕开"三会一层"及公司制度，违规干预投资决策。

② 未按监管规定设立首席投资官，保险资管公司董事、监事和高级管理人员选任不到位，人员资质数量不符合规定要求，未申请任职资格核准。

③ 保险公司未按监管规定设置专门保险资产管理部门，或其他部门代替履行保险资产管理部门职责。

2. 有关资金运用范围和模式的问题

① 超监管规定范围投资，或在不具备投资管理能力的情况下直接开展相应领域投资。

② 将保险资金运用形成的投资资产用于向他人提供担保或者发放贷款。

③ 保险公司存在配置大类资产超监管比例，或投资单一资产和单一交易对手超集中度上限比例。

④ 未建立托管机制，未将包括银行存款在内的各项投资资产全部实行第三方托管。

⑤ 未按监管要求开展保险资金运用内部稽核和内部控制外部专项审计。

⑥ 保险公司选聘的投资管理人，或保险资管公司作为投资管理人在受托管理保险资金进行投资时违反监管要求，如挪用保险资金，以保险资金以及其投资形成的资产为他人设定担保，将受托资金转委托，为委托资金提供通道服务等。

⑦ 保险公司在委托投资中，存在妨碍、干预受托人正常履责、向受托人直接下交易指令、要求受托人提供通道服务、要求受托人提供最低收益保证、非法转移保险利润或进行其他不正当利益输送或其他违法的情形。

3. 有关资金运用关联交易的问题

① 保险公司资金运用关联交易投资余额和比例不符合关联交易监管要求。

② 投资的股权或不动产项目缺少第三方评估，出资定价较大，超出标的企业净资产且超过合理参照标准，溢价合理性存疑等情况。

③ 购买关联方资产时"交易款先付、资产后过户"，在标的资产权属不清的情况下先行支付款项。

④ 在购买关联方资产过程中，存在交易款项计入长期应收或预付，或针对同一投资标的反复交易、以应收预付反复冲抵，过程资金流水较大的情形。

⑤ 不动产项目资金违规支付关联方，或保险资金通过信托产品、股权投资基金、非保险类子公司等渠道违规流入关联方。

⑥ 项目资金被关联方在合同约定目的或用途以外使用，本金及收益未进行及时确认和清收。

⑦ 将银行存款用于为他人或关联股东等利益相关方提供质押融资、担保、委托贷款，以及为他人谋取利益。

4. 有关银行存款投资的问题

以银行存款质押为自身融资，但融资额度未纳入融资杠杆监测比例管理。

5. 有关债券投资的问题

① 不符合规定出租、出借各类所持债券，或非法转移利润或者利用其他手段进行利益输送，谋取不当利益。

② 通过其他公司代持债券放大杠杆风险，或通过低价卖出、高价回购等向丙类账户输送利益等。

6. 有关股票投资的问题

① 存在内幕交易、"老鼠仓"或操纵市场等有关重大违法违规行为的情形。

② 通过过度交易等方式向服务券商输送利益。

③ 存在购买关联方资产时"交易款先付、资产后过户"，在标的资产权属不清的情况下先行支付款项的情形。

④ 开展一般股票投资发生举牌行为的，未在规定时间内向监管部门进行报告。

⑤ 保险机构开展上市公司收购的，存在未使用自有资金的情形。

⑥ 存在与其一致行动人共同收购上市公司，或以投资的股票资产抵押融资

用于上市公司股票投资的情形。

7.有关未上市股权和不动产投资的问题

① 保险公司开展重大股权投资和购置自用性不动产，存在未使用自有资金的情形。

② 投资未上市股权和不动产存在股权或权益被他人代持，或者相关权利到期未收回的情形。

③ 存在未能按期付息或支付交易对价款、股权投资基金未能按期清算、不动产未能按合同条款赎回等情况。

④ 重大股权投资存在未经监管部门事先核准的情形。

⑤ 直接投资股权存在超出保险类企业、非保险类金融企业、能源企业、资源企业和与保险业务相关的养老、医疗、汽车服务、现代农业企业、新型商贸流通企业的情形。

⑥ 所投资的股权投资基金管理人的股东及关联方在基金合伙企业经营期间，存在通过协议约定、资金管控等方式控制基金投资，或者通过移交基金公章及证照等资料或其他形式实际控制基金运营的情况。

⑦ 在不动产投资中，存在投资资金被挪作他用，或项目公司对外开展股权投资的情况。

⑧ 在不动产投资（包括养老社区投资）中，存在未按合同约定期限开工建设、长期闲置土地、炒地的情况。

⑨ 存在运用借贷、发债、回购、拆解等方式筹措的资金投资企业股权的情形。

⑩ 以项目公司股权方式投资不动产的，该项目公司用自身资产抵押担保向保险公司以股东借款等方式融资的规模，超过保险公司协议投资总额的40%。

⑪ 以项目公司股权方式投资不动产的，项目公司存在对外股权投资。

⑫ 存在以所投资的不动产提供抵押担保的情况。

⑬ 存在直接投资开发或者销售商业住宅，或通过金融产品方式参与商业住宅项目的情况。

⑭ 保险集团公司及其子公司对非保险类金融企业的投资总额，超过集团合并净资产的30%。

⑮ 保险集团公司及其子公司投资同一金融行业中主营业务相同的企业，存在控股数量超过一家的情形。

⑯ 保险集团公司对非金融类企业的投资金额（与保险业务相关的非金融类企业除外），超过该企业实收资本的25%，或参与该企业的经营。

⑰ 保险集团公司及其子公司对非金融类企业的投资总额，超过集团合并净资产的10%。

8. 有关金融产品投资的问题

① 存在通过其他公司代持金融产品，规避投资范围和比例、偿付能力等监管的情形。

② 存在投资的有关金融产品已经展期或者展期协商的情形。

③ 存在未按合同约定使用资金、偿付本息（收益）和提前还款，以及违反各方当事人约定的情形。

9. 有关金融衍生品投资的问题

① 存在超监管要求范围使用衍生品对冲风险或以投机为目的参与衍生品交易的情形。

② 存在参与衍生品交易风险敞口过大或造成较大损失的情形。

10. 有关境外投资的问题

① 境外投资国别、投资范围、具体投资品种存在违反监管规定的情形。

② 内保外贷行为存在未按监管规定整改的情形。

③ 按照"新老划断"原则，新增项目存在未符合国家关于境外投资政策导向和鼓励类、限制类和禁止类境外投资规定的情形。

④ 保险集团公司及其子公司对境外主体投资的总额，超过集团合并净资产的10%；对单一境外主体的投资总额，超过集团合并净资产的5%。

11. 有关保险资管产品的问题

① 存在通过其他公司代持金融产品，规避投资范围和比例、偿付能力等方

面的监管的情形。

② 存在让渡产品主动管理职责,按照不具备相关投资能力的保险公司要求,发行组合类产品被动投资于保险公司事先选定的金融资产,为其规避投资管理能力监管提供便利的情形。

③ 存在挪用产品资金,未实际用于合同约定的项目建设,被融资主体划转至母公司或其他机构另作他用的情形。

(三) 保险资产管理业务的合规管理问题

1. 合格投资者风险识别能力和风险承担能力条件

对合格投资主体投资经历和资产/收入的要求详见表1-5。

表1-5 对合格投资主体投资经历和资产/收入的要求

主体	投资经历	资产/收入
自然人	2年以上投资经历	家庭金融净资产不低于300万元,或家庭金融资产不低于500万元,或近三年本人年均收入不低于40万元
法人单位	最近一年末净资产不低于1000万元	
金融管理部门视为合格投资者的其他情形		

根据《关于规范金融机构资产管理业务的指导意见》和《保险资产管理产品管理暂行办法》的规定,对投资产品类别及金额的限制详见表1-6。

表1-6 对投资产品类别及金额的限制

投资产品类别	金额
投资于单只固定收益类产品	≥30万元
投资于单只权益类产品	≥100万元
投资于单只商品及金融衍生品类产品	≥100万元
投资于单只混合类产品	≥40万元

2. 穿透核查原则

根据《关于规范金融机构资产管理业务的指导意见》第二十七条第(二)

项，实行穿透式监管，对于多层嵌套资产管理产品，向上识别产品的最终投资者，向下识别产品的底层资产（公募证券投资基金除外）。国家金融监督管理总局依法对保险资管产品业务进行监督管理。国家金融监督管理总局对保险资管产品业务实行穿透式监管，向上识别产品的最终投资者，向下识别产品的底层资产，并对产品运作管理实行全面动态监管。《信托公司资金信托管理暂行办法（征求意见稿）》第十二条规定，资金信托投资其他资产管理产品的，信托公司应当穿透识别底层资产。

3. 保险资管产品的投资限制——禁止多层嵌套

《保险资产管理产品管理暂行办法》第三十四条规定，保险资管产品投资其他资产管理产品的，应当明确约定所投资的资产管理产品不得再投资公募证券投资基金以外的资产管理产品，法律、行政法规以及金融管理部门另有规定的除外。

多层嵌套（以 TOT 产品为例）增强了产品的复杂性，底层资产的风险难以穿透核查，且拉长了资金链条，增加了融资成本。

多层嵌套案例：某信托设立的 TOT 如图 1-3 所示。

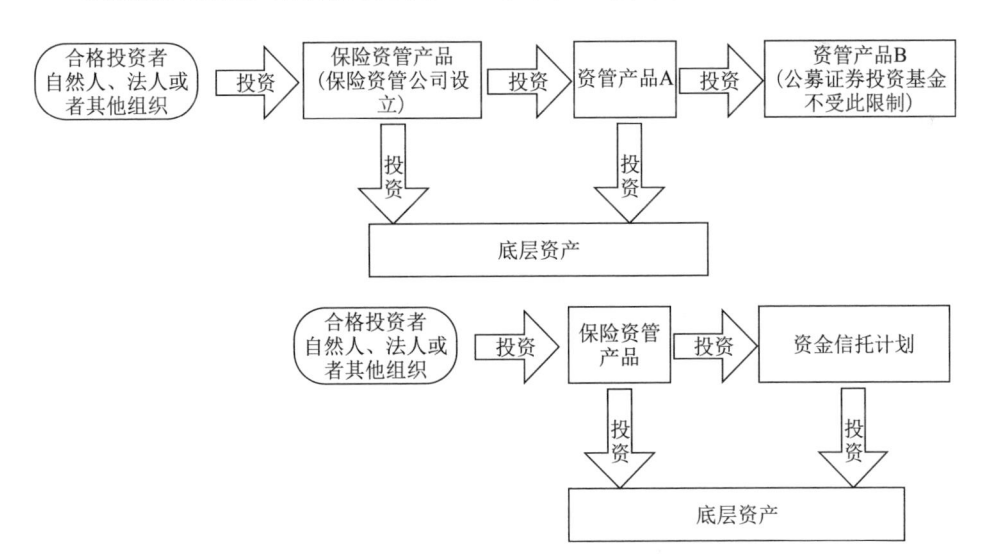

图 1-3 某信托设立的 TOT

三、保险资产管理公司及其子公司

保险资产管理公司是指经国家金融监督管理总局批准，在中华人民共和国境内设立，通过接受保险集团（控股）公司和保险公司等合格投资者委托、发行保险资产管理产品等方式，以实现资产长期保值增值为目的，开展资产管理业务及监管机构允许的其他业务的金融机构。

根据《保险资产管理公司管理规定》，保险资产管理公司经营范围包括以下业务：

① 受托管理保险资金及其形成的各种资产；

② 受托管理其他资金及其形成的各种资产（基本养老保险基金、社会保障基金、企业年金基金、职业年金基金等资金及其他具备相应风险识别和风险承担能力的境内外合格投资者的资金）；

③ 管理运用自有人民币、外币资金；

④ 依法开展保险资产管理产品业务、资产证券化业务、保险私募基金业务等；

⑤ 依法开展投资咨询、投资顾问，以及提供与资产管理业务相关的运营、会计、风险管理等专业服务；

⑥ 国家金融监管总局批准的其他业务。

保险资产管理公司可以投资设立理财、公募基金、私募基金、不动产、基础设施等从事资产管理业务或与资产管理业务相关的子公司。

保险资产管理公司受托管理保险资金，应当符合保险资金运用及保险资金委托投资管理相关监管规定；应当依据监管规定和合同约定，对受托管理的其他资金、保险资产管理产品资产进行投资管理和运作。

保险资产管理公司不得有下列行为：

① 提供担保；

② 承诺受托管理资产或保险资产管理产品资产不受损失，或者保证最低收益；

③ 违规将受托管理的资产转委托；

④ 提供规避投资范围、杠杆约束等监管要求的通道服务；

⑤ 利用受托管理资产或保险资产管理产品资产为他人谋取利益，或者为公司谋取合同约定报酬以外的利益；

⑥ 以获取非法利益或进行利益输送为目的，操纵自有财产、不同来源的受托管理资产、保险资产管理产品资产等互相进行交易，或与股东互相进行资金运用交易；

⑦ 以资产管理费的名义或者其他方式与投资者合谋获取非法利益；

⑧ 国家有关法律法规及监管机构禁止的其他行为。

四、资产管理业务的合规要求

保险资产管理机构可以与委托人在合同中事先约定收取合理的业绩报酬，业绩报酬计入管理费，须与产品一一对应并逐个结算，不同产品之间不得相互串用。

保险资产管理机构开展的资产管理业务为表外业务，不得承诺保本保收益。出现兑付困难时，不得以任何形式垫资兑付，不得在表内开展资产管理业务。

保险资产管理机构开展资产管理业务进行分类监管，其中，固定收益类产品投资于存款、债券等债权类资产的比例不低于80%，权益类产品投资于股票、未上市企业股权等权益类资产的比例不低于80%，商品及金融衍生品类产品投资于商品及金融衍生品的比例不低于80%，混合类产品投资于债权类资产、权益类资产、商品及金融衍生品类资产且任一资产的投资比例未达到前三类产品标准。非因保险资产管理机构主观因素导致突破前述比例限制的，保险资产管理机构应当在流动性受限资产可出售、可转让或者恢复交易的15个交易日内调整至符合要求。

保险资产管理机构在开展资产管理业务时，应当按照上述分类标准向投资者明示资产管理产品的类型，并按照确定的产品性质进行投资。在产品成立后至到期日前，不得擅自改变产品类型。混合类产品投资债权类资产、权益类资产和商品及金融衍生品类资产的比例范围应当在发行产品时予以确定并向投资者明示，在产品成立后至到期日前不得擅自改变。产品的实际投向不得违反合同约定，如有改变，除高风险类型的产品超出比例范围投资较低风险资产外，应当先行取得投资者书面同意，并履行登记备案等法律法规以及金融监督管理部门规定的程序。

保险资产管理机构管理的资产证券化产品，是指保险资产管理机构以可特定化的基础资产所产生的现金流为偿付支持，通过结构化等方式进行信用增级，在此基础上发行的金融产品。

保险资产管理机构资产证券化产品须满足的监管要求详见表1-7。

表1-7 资产证券化产品须满足的监管要求

资产管理产品	合格投资人	产品投资范围
保险资产管理公司作为管理人，向投资人发售标准化产品份额，募集资金，由托管机构担任资产托管人，为投资人利益运用产品资产进行投资管理的金融工具	产品限于向境内保险集团（控股）公司、保险公司、保险资产管理公司等具有风险识别和承受能力的合格投资人发行，包括向单一投资人发行的定向产品和向多个投资人发行的集合产品。 向单一投资人发行的定向产品，投资人初始认购资金不得低于3,000万元；向多个投资人发行的集合产品，投资人总数不得超过200人，单一投资人初始认购资金不得低于100万元	限于银行存款、股票、债券、证券投资基金、央行票据、非金融企业债务融资工具、信贷资产支持证券、基础设施投资计划、不动产投资计划、项目资产支持计划及国家金融监督管理总局认可的其他资产。 产品投资范围包括基础设施投资计划、不动产投资计划、项目资产支持计划等投资品种的，保险资产管理公司应当在产品合同和产品募集说明书中说明相应的投资比例、估值原则、估值方法和流动性支持措施等内容

五、资产管理业务的职责规范

根据"资管新规"，保险资产管理机构未按照诚实信用、勤勉尽责的原则切实履行受托管理职责，造成投资者损失的，应当依法向投资者承担赔偿责任。保险资产管理机构开展资管业务需要履行以下职责：

① 依法募集资金，办理产品份额的发售和登记事宜；

② 办理产品登记备案或者注册手续；

③ 对所管理的不同产品受托财产分别管理、分别记账，进行投资；

④ 按照产品合同的约定确定收益分配方案，及时向投资者分配收益；

⑤ 进行产品会计核算并编制产品财务会计报告；

⑥ 依法计算并披露产品净值或者投资收益情况，确定申购、赎回价格；

⑦ 办理与受托财产管理业务活动有关的信息披露事项；

⑧ 保存受托财产管理业务活动的记录、账册、报表和其他相关资料；

⑨ 以管理人名义，代表投资者利益行使诉讼权利或者实施其他法律行为；

⑩ 在兑付受托资金及收益时，保险资产管理机构应当保证受托资金及收益返回委托人的原账户、同名账户或者合同约定的受益人账户。

六、资产管理业务投资要求

根据"资管新规"，保险资产管理机构开展资管业务需要满足以下投资要求。

① 标准化债权类资产应当同时符合以下条件：等分化，可交易；信息披露充分；集中登记，独立托管；公允定价，流动性机制完善；在银行间市场、证券交易所市场等经国务院同意设立的交易市场交易。

② 保险资产管理机构不得将资产管理产品资金直接投资于商业银行信贷资产。

③ 资产管理产品不得直接或者间接投资法律法规和国家政策禁止进行债权或股权投资的行业和领域。

④ 保险资产管理机构在依法合规、商业可持续的前提下，通过发行资产管理产品募集资金投向符合国家战略和产业政策要求、符合国家供给侧结构性改

革政策要求的领域。鼓励金融机构通过发行资产管理产品募集资金支持经济结构转型，支持市场化、法治化债转股，降低企业杠杆率。

七、资产管理业务禁止性规定及风险控制要求

（一）穿透式监管要求

保险资产监督管理机构对保险资产管理机构资产管理业务实行穿透式监管，对于多层嵌套资产管理产品，向上识别产品的最终投资者，向下识别产品的底层资产（公募证券投资基金除外）。

（二）禁止刚性兑付

1. 刚性兑付情形

① 资产管理产品的发行人或者管理人违反真实公允确定净值原则，对产品进行保本保收益。

② 采取滚动发行等方式，使得资产管理产品的本金、收益、风险在不同投资者之间发生转移，实现产品保本保收益。

③ 资产管理产品不能如期兑付或者兑付困难时，发行或者管理该产品的金融机构自行筹集资金偿付或者委托其他机构代为偿付。

2. 刚性兑付的惩罚措施

发生刚性兑付的，认定为违规经营，由金融监督管理部门和中国人民银行依法纠正并予以处罚。

保险金融机构开展资产管理业务为表外业务，不得承诺保本保收益；出现兑付困难时，不得以任何形式垫资兑付；不得在表内开展资产管理业务。

表外业务是指金融机构从事的，按照现行的会计准则不计入资产负债表内，不形成现实资产负债，但能够引起当期损益变动的业务。

保险公司表外业务主要包括不在资产负债表内反映的承诺、担保、衍生工具等。这类业务面临的风险主要是市场风险（如汇率风险、利率风险等）、信用风险、流动性风险等。

流动性风险，是指保险公司无法及时获得充足资金或无法以合理成本及时获得充足资金以支付到期债务的风险。

一般地，根据表外业务特征和法律关系，表外业务分为资产管理业务、担保承诺类业务、代理投融资服务类业务、中介服务类业务、其他类业务等，具体如下。

① 金融机构开展的资产管理。

② 担保承诺类业务包括担保类、承诺类等按照约定承担偿还责任的业务。担保类业务是指金融机构对第三方承担偿还责任的业务，包括但不限于银行承兑汇票、保函、信用证、信用风险仍在金融机构的销售与购买协议等；承诺类业务是指金融机构在未来某一日期按照事先约定的条件向客户提供约定的信用业务，包括但不限于贷款承诺等。

③ 代理投融资服务类业务指金融机构根据客户委托，为客户提供投融资服务但不承担代偿责任、不承诺投资回报的表外业务，包括但不限于委托贷款、委托投资、代客非保本理财、代客交易、代理发行和承销债券等。

④ 中介服务类业务指金融机构根据客户委托，提供中介服务、收取手续费的业务，包括但不限于代理收付、财务顾问、资产托管、各类保管业务等。

⑤ 其他类业务是指上述业务种类之外的表外业务。

（三）禁止违规担保

保险资产管理机构不得为资产管理产品投资的非标准化债权类资产或者股权类资产提供任何直接或间接、显性或隐性的担保、回购等代为承担风险的承诺。

（四）禁止开展资金池业务

保险资产管理机构应当做到每只资产管理产品的资金单独管理、单独建账、单独核算，不得开展或者参与具有滚动发行、集合运作、分离定价特征的资金池业务。

（五）禁止质押融资

保险资产管理机构不得以受托管理的资产管理产品份额进行质押融资，放大杠杆。

（六）禁止通道业务

保险资产管理机构不得为其他金融机构的资产管理产品提供规避投资范围、杠杆约束等监管要求的通道服务。

通道业务是指资金来源与投资标的均由商业银行等机构确定，保险资产管理公司通过设立资产管理计划等形式接受商业银行等机构的委托，按照其意愿开展银行协议存款等投资，且在其委托合同中明确保险资产管理公司不承担主动管理职责，投资风险由委托人承担的各类业务。

① 根据《关于规范金融机构资产管理业务的指导意见》的规定，金融机构不得为其他金融机构的资产管理产品提供规避投资范围、杠杆约束等监管要求的通道服务。

② 根据《保险资金运用管理办法》的规定，保险资金委托保险资产管理机构、证券公司、证券资产管理公司、证券投资基金管理公司等专业投资管理机构投资的不得为委托机构提供通道服务。

③ 根据《关于清理规范保险资产管理公司通道类业务有关事项的通知》的规定，保险资金不得参与认购保险资产管理公司发起的通道类业务。

④《国务院办公厅关于加强影子银行监管有关问题的通知》有下列要求。

a. 明确信托公司"受人之托，代人理财"的功能定位，推动信托公司业务模式转型，回归信托主业。运用净资本管理约束信托公司信贷类业务，信托公司不得开展非标准化理财资金池等具有影子银行特征的业务。建立完善信托产品登记信息系统，探索信托受益权流转。

b. 规范金融交叉产品和业务合作行为。金融机构之间的交叉产品和合作业务，都必须以合同形式明确风险承担主体和通道功能主体，并由风险承担主体的行业归口部门负责监督管理，切实落实风险防控责任。

因此，保险资金在投资决策时，应当严格审核信托公司发起的集合资金信托计划是否属于通道类业务，如在集合资金信托计划合同中是否有信托公司委托人应当自主对信托投资项目进行尽职调查，以及在信托计划发生违约情况下，将风险转移至委托人的条款。

我国影子银行主要包括以下三类：

① 不持有金融牌照、完全无监管的信用中介机构，包括新型网络金融公司、第三方理财机构等；

② 不持有金融牌照、存在监管不足的信用中介机构，包括融资性担保公司、小额贷款公司等；

③ 机构持有金融牌照，但存在监管不足或规避监管的业务，包括货币市场基金、资产证券化、部分理财业务等。

根据《信托公司净资本计算标准有关事项的通知》，信托产品融资类业务包括但不限于信托贷款、受让信贷或票据资产、附加回购或回购选择权、股票质押融资和准资产证券化等业务。

（七）第三方托管

保险资产管理机构发行的资产管理产品资产应当由具有托管资质的第三方机构独立托管。

（八）风险隔离措施

保险资产管理机构开展资产管理业务，应当确保资产管理业务与其他业务相分离，资产管理产品与其代销的金融产品相分离，资产管理产品之间相分离，资产管理业务操作与其他业务操作相分离。

（九）人工智能投顾措施

① 运用人工智能技术开展投资顾问业务应当取得投资顾问资质。

② 保险资产管理机构运用人工智能技术开展资产管理业务应当严格遵守《关于规范金融机构资产管理业务的指导意见》有关投资者适当性、投资范围、信息披露、风险隔离等一般性规定，不得借助人工智能业务夸大宣传资产管理产品或者误导投资者。

③ 保险资产管理机构应当向金融监督管理部门报备人工智能模型的主要参数以及资产配置的主要逻辑，为投资者单独设立智能管理账户，充分提示人工智能算法的固有缺陷和使用风险，明晰交易流程，强化留痕管理，严格监控智能管理账户的交易头寸、风险限额、交易种类、价格权限等。

④ 保险资产管理机构应当根据不同产品投资策略研发对应的人工智能算法或者程序化交易，避免算法同质化加剧投资行为的顺周期性，并针对由此可能引发的市场波动风险制定应对预案。因算法同质化、编程设计错误、对数据利用深度不够等人工智能算法模型缺陷或者系统异常，导致羊群效应、影响金融市场稳定运行的，保险资产管理机构应当及时采取人工干预措施，强制调整或者终止人工智能业务。

（十）关联交易监管措施

保险资产管理机构不得以资产管理产品的资金与关联方进行不正当交易、利益输送、内幕交易和操纵市场，包括但不限于投资于关联方虚假项目、与关联方共同收购上市公司、向本机构注资等。

保险资产管理机构的资产管理产品投资本机构、托管机构及其控股股东、实际控制人或者与其有其他重大利害关系的公司发行或者承销的证券，或者从事其他重大关联交易的，应当建立健全内部审批机制和评估机制，并向投资者充分披露信息。

（十一）保险资产管理机构开展公募产品业务的监管要求

（1）资产管理产品所投资资产的集中度。

① 单只公募资产管理产品投资单只证券或者单只证券投资基金的市值不得超过该资产管理产品净资产的 10%。

② 同一保险资产管理机构发行的全部公募资产管理产品投资单只证券或者单只证券投资基金的市值不得超过该证券市值或者证券投资基金市值的 30%。其中，同一保险资产管理机构全部开放式公募资产管理产品投资单一上市公司发行的股票不得超过该上市公司可流通股票的 15%。

③ 同一保险资产管理机构全部资产管理产品投资单一上市公司发行的股票不得超过该上市公司可流通股票的 30%。

（2）资产管理产品负债比例（总资产/净资产）上限。

同类产品适用统一的负债比例上限。每只开放式公募产品的总资产不得超过该产品净资产的 140%，每只封闭式公募产品、每只私募产品的总资产不得超过该产品净资产的200%。计算单只产品的总资产时应当按照穿透原则合并计算所投资资产管理产品的总资产。

（3）公募产品和开放式私募产品不得进行份额分级。

分级资产管理产品是指存在一级份额以上的份额为其他级份额提供一定的风险补偿，收益分配不按份额比例计算，由资产管理合同另行约定的产品。分级私募产品的总资产不得超过该产品净资产的140%。分级私募产品应当根据所投资资产的风险程度设定分级比例（优先级份额/劣后级份额，中间级份额计入优先级份额）。

① 固定收益类产品的分级比例不得超过3∶1。

② 权益类产品的分级比例不得超过1∶1。

③ 商品及金融衍生品类产品、混合类产品的分级比例不得超过2∶1。

（4）发行分级资产管理产品的金融机构应当对该资产管理产品进行自主管理，不得转委托给劣后级投资者。

（5）分级资产管理产品不得直接或者间接对优先级份额认购者提供保本保收益安排。

（十二）资管产品久期管理措施

为降低期限错配风险，保险资产管理机构应当强化资产管理产品久期管理，封闭式资产管理产品期限不得低于90天。资产管理产品直接或者间接投资于非标准化债权类资产的，非标准化债权类资产的终止日不得晚于封闭式资产管理产品的到期日或者开放式资产管理产品的最近一次开放日。

资产管理产品直接或者间接投资于未上市企业股权及其受（收）益权的，应当为封闭式资产管理产品，并明确股权及其受（收）益权的退出安排。未上市企业股权及其受（收）益权的退出日不得晚于封闭式资产管理产品的到期日。

八、资管产品的范围

保险资管产品包括债权投资计划、股权投资计划、组合类产品和国家金融监督管理总局规定的其他产品。

其中,其他产品是指《关于规范金融机构资产管理业务的指导意见》中规定的资产管理产品,包括但不限于人民币或外币形式的银行非保本理财产品、资金信托,证券公司、证券公司子公司、基金管理公司、基金管理子公司、期货公司、期货公司子公司、保险资产管理机构、金融资产投资公司发行的资产管理产品等。

保险资管产品可以投资于国债、地方政府债券、中央银行票据、政府机构债券、金融债券、银行存款、大额存单、同业存单、公司信用类债券,在银行间债券市场或者证券交易所市场等经国务院同意设立的交易市场发行的证券化产品,公募证券投资基金、其他债权类资产、权益类资产和相关部门认可的其他资产。保险资金投资的保险资管产品,其投资范围应当符合保险资金运用的有关监管规定。

九、资管产品的登记和交易

保险资产管理机构开展保险资产管理产品业务,应当在国家金融监督管理总局认可的资产登记交易平台进行发行、登记、托管、交易、结算、信息披露以及相关信用增进和抵质押融资等业务。

保险资金投资保险资产管理产品以外的其他金融产品,金融产品信息应当在国家金融监督管理总局认可的资产登记交易平台进行登记和披露,具体操作参照保险资产管理产品相关规定执行。

"其他金融产品"是指商业银行、信托公司、证券公司、基金公司及其子公司等金融机构依照相关法律、行政法规发行,符合国家金融监督管理总局规定的金融产品。

全国性的保险资产交易平台——上海保险交易所股份有限公司(简称"上海保交所"或"SHIE"),经营范围为:为保险、再保险、保险资产管理及相关产品的交易提供场所、设施和服务,制定并实施相关业务规则,协助委托人选择保险经纪公司、保险公司、再保险公司等保险机构及办理相关手续,代理销售保险及相关产品并代理收取费用,提供保险、再保险、保险资产管理的支付和结算,提供信息安全咨询、信息技术外包服务,提供与保险、再保险市场相关的研究咨询、教育培训及数据信息服务,开展与公司业务相关的投资,法律法规允许的其他业务。

第五节　关联交易合规与风险控制

一、关联交易控制委员会设立及职责

保险公司应当设立关联交易控制委员会,或指定审计委员会负责关联方识别维护,关联交易的管理、审查、批准和风险控制。

设立关联交易控制委员会的,成员不得少于五人,公司指定一名执行董事担任负责人,成员应当包括合规负责人等管理层有关人员。

一般关联交易按照内部程序审批,最终报关联交易控制委员会或审计委员会备案或批准;重大关联交易经由关联交易控制委员会或审计委员会审查后,按照有关规定提交董事会批准。

保险公司应当进一步完善关联交易的内部控制机制,优化关联交易管理流程,合规、业务、财务等关键环节的审查意见以及关联交易控制委员会等会议决议应当清晰留痕并存档。

二、保险公司关联方的认定

根据《银行保险机构关联交易管理办法》的规定,保险公司关联方分为以下三类。

① 以股权关系为基础的关联方。包括保险公司股东[①]及其董事长、总经理，保险公司股东直接、间接、共同控制的法人或者其他组织及其董事长、总经理，保险公司股东的控股股东及其董事长、总经理，保险公司直接、间接、共同控制的法人或者其他组织及其董事长、总经理。

② 以经营管理权为基础的关联方。包括保险公司董事、监事和总公司高级管理人员及其近亲属，保险公司董事、监事和总公司高级管理人员及其近亲属直接、间接、共同控制或者可施加重大影响的法人或者其他组织。[②]

③ 其他关联方。指能够对保险公司施加重大影响，不按市场独立第三方价格或者收费标准与保险公司进行交易的自然人、法人或者其他组织。

三、保险公司关联交易的认定

保险公司关联交易是指保险公司与关联方之间发生的如下交易：

① 保险公司资金的投资运用和委托管理；

② 固定资产的买卖、租赁和赠予；

③ 保险业务和保险代理业务；

④ 再保险的分出或者分入业务；

⑤ 为保险公司提供审计、精算、法律、资产评估、广告、职场装修等服务；

⑥ 担保、债权债务转移、签订许可协议以及其他导致公司利益转移的交易活动。

保险公司关联交易分为重大关联交易和一般关联交易。其中重大关联交易是保险公司与一个关联方之间单笔交易额占保险公司上一年度末净资产的 1%

---

① 保险公司股东，是指能够直接、间接、共同持有或者控制保险公司 5% 以上股份或表决权的股东。

② 控制，是指有权决定保险公司、其他法人或组织的人事、财务和经营决策，并可据以从其经营活动中获取利益。共同控制，是指按合同约定或一致行动时，对某项经济活动所共有的控制。重大影响，是指对保险公司、其他法人或组织的财务和经营政策有参与决策的权力，但并不能够控制或者与其他方一起控制这些政策的制定。近亲属，是指配偶、父母、子女、兄弟姐妹、祖父母、外祖父母、孙子女、外孙子女。

以上且超过 3,000 万元，或者一个会计年度内保险公司与一个关联方的累计交易额占保险公司上一年度末净资产的 5% 以上的交易。

根据《保险公司资金运用信息披露准则第 1 号：关联交易》的规定：保险公司与关联方之间开展以下关联交易，应当于签订交易协议后 10 个工作日内（无交易协议的，自事项发生之日起 10 个工作日内），按照规定在保险公司网站和中国保险行业协会网站发布信息披露公告。

① 在关联方办理银行存款（活期存款除外）业务。

② 投资关联方的股权、不动产及其他资产。

③ 投资关联方发行的金融产品，或投资基础资产包含关联方资产的金融产品。

④ 有关部门认定的其他关联交易行为。

国家金融监督管理总局按照实质重于形式的原则穿透认定关联方和关联交易行为。

① 保险公司关联方追溯至信托计划等金融产品或其他协议安排的，穿透至实际权益持有人认定关联关系。

② 保险公司投资或委托投资于金融产品，底层基础资产包含保险公司或保险资产管理公司的关联方资产的，构成关联交易。

③ 保险资金投资股权所形成的关联方（已受所在金融行业监管的机构除外）与保险公司其他关联方发生重大关联交易，保险公司应当建立风险控制机制，并向相关部门及时报告关联交易有关情况，保险公司全资子公司之间的交易除外。

④ 国家金融监督管理总局按照实质重于形式的原则认定的其他关联关系以及关联交易行为。

签订统一交易协议应当符合以下规定。

① 统一交易协议的内部审查、报告和信息披露参照重大关联交易办理。统一交易协议项下发生的关联交易无须逐笔报送，在关联交易季度报告中一并报送。

② 统一交易协议签订期限一般不超过三年。

③ 对于统一交易协议项下发生的资金运用行为，在底层基础资产涉及保险公司关联方的，应当按照有关规定进行关联交易审查并报告。

四、保险公司关联交易的信息披露

保险公司以下关联交易应当逐笔报告和披露。

① 资金运用类关联交易，包括资金的投资运用和委托管理。

② 与关联自然人交易金额在 30 万元以上或与关联法人交易金额在 300 万元以上的资产类关联交易，包括固定资产、无形资产的买卖、租赁和赠予。

③ 与关联自然人交易金额在 30 万元以上或与关联法人交易金额在 300 万元以上的利益转移类关联交易，包括提供财务资助、债权债务转移或重组、签订许可协议、捐赠、抵押等导致公司财产或利益转移的交易活动。

五、《银行保险机构关联交易管理办法》关联交易相关规定

1. 银行保险机构

银行保险机构包括银行机构、保险机构和在中华人民共和国境内依法设立的信托公司、金融资产管理公司、金融租赁公司、汽车金融公司、消费金融公司。

银行机构是指在中华人民共和国境内依法设立的商业银行、政策性银行、村镇银行、农村信用合作社、农村合作银行。保险机构是指在中华人民共和国境内依法设立的保险集团（控股）公司、保险公司、保险资产管理公司。

2. 银行保险机构的关联自然人

① 银行保险机构的自然人控股股东、实际控制人，及其一致行动人、最终受益人；

② 持有或控制银行保险机构 5% 以上股权的，或持股不足 5% 但对银行保

险机构经营管理有重大影响的自然人；

③ 银行保险机构的董事、监事、总行（总公司）和重要分行（分公司）的高级管理人员，以及具有大额授信、资产转移、保险资金运用等核心业务审批或决策权的人员；

④ 第①项至第③项所列关联方的配偶、父母、成年子女及兄弟姐妹；

⑤ 第①②项所列关联方的董事、监事、高级管理人员。

3. 银行保险机构的关联法人或非法人组织

① 银行保险机构的法人控股股东、实际控制人，及其一致行动人、最终受益人；

② 持有或控制银行保险机构5%以上股权的，或者持股不足5%但对银行保险机构经营管理有重大影响的法人或非法人组织，及其控股股东、实际控制人、一致行动人、最终受益人；

③ 第①项所列关联方控制或施加重大影响的法人或非法人组织，第②项所列关联方控制的法人或非法人组织；

④ 银行保险机构控制或施加重大影响的法人或非法人组织；

⑤ 关联自然人第①项所列关联方控制或施加重大影响的法人或非法人组织，关联自然人第②项至第④项所列关联方控制的法人或非法人组织。

4. 实质重于形式和穿透的原则认定关联方

① 在过去12个月内或者根据相关协议安排在未来12个月内存在关联自然人、法人或非法人组织关联关系的；

② 关联自然人第①项至第③项所列关联方的其他关系密切的家庭成员；

③ 银行保险机构内部工作人员及其控制的法人或其他组织；

④ 关联自然人第②③项，以及关联法人或者非法人组织第②项所列关联方可施加重大影响的法人或非法人组织；

⑤ 对银行保险机构有影响，与银行保险机构发生或可能发生未遵守商业原则、有失公允的交易行为，并可据以从交易中获取利益的自然人、法人或非法人组织；

⑥可能导致银行保险机构利益转移的自然人、法人或非法人组织。

5. 关联交易的认定

①银行保险机构关联交易是指银行保险机构与关联方之间发生的利益转移事项。

②银行保险机构应当按照实质重于形式和穿透原则，识别、认定、管理关联交易及计算关联交易金额。

③国家金融监督管理总局或其派出机构可以根据实质重于形式和穿透监管原则认定关联交易。

6. 开展关联交易的原则

①遵守法律法规和有关监管规定；

②健全公司治理架构，完善内部控制和风险管理；

③遵循诚实信用、公开公允、穿透识别、结构清晰的原则。

7. 银行机构关联交易类型

①授信类关联交易；

②资产转移类关联交易；

③服务类关联交易；

④存款和其他类型关联交易；

⑤根据实质重于形式原则认定的可能引致银行机构利益转移的事项；

⑥资金运用类关联交易；

⑦服务类关联交易；

⑧利益转移类关联交易；

⑨保险业务和其他类型关联交易。

8. 保险机构重大关联交易

①银行机构与单个关联方之间单笔交易金额达到银行机构上季末资本净额1%以上，或累计达到银行机构上季末资本净额5%以上的交易。

②银行机构与单个关联方的交易金额累计达到上述标准后，其后发生的关联交易，每累计达到上季末资本净额1%以上，应当重新认定为重大关联交易。

③ 保险机构重大关联交易是指保险机构与单个关联方之间单笔或年度累计交易金额达到3,000万元以上，且占保险机构上一年度末经审计的净资产的1%以上的交易。

④ 一个年度内保险机构与单个关联方的累计交易金额达到上述标准后，其后发生的关联交易再次累计达到上述标准，应当重新认定为重大关联交易。

9. 保险机构关联交易比例限制

① 保险机构投资全部关联方的账面余额，合计不得超过保险机构上一年度末总资产的25%与上一年度末净资产二者中的金额较低者。

② 保险机构投资权益类资产、不动产类资产、其他金融资产和境外投资的账面余额中，对关联方的投资金额不得超过上述各类资产投资限额的30%。

③ 保险机构投资单一关联方的账面余额，合计不得超过保险机构上一年度末净资产的30%。

④ 保险机构投资金融产品，若底层基础资产涉及控股股东、实际控制人或控股股东、实际控制人的关联方，保险机构购买该金融产品的份额不得超过该产品发行总额的50%。

10. 信托公司重大关联交易

① 信托公司固有财产与单个关联方之间、信托公司信托财产与单个关联方之间单笔交易金额占信托公司注册资本5%以上的交易。

② 信托公司与单个关联方发生交易后，信托公司与该关联方的交易余额占信托公司注册资本20%以上的交易。

11. 其他非银行金融机构的重大关联交易

① 其他非银行金融机构重大关联交易是指其他非银行金融机构与单个关联方之间单笔交易金额达到其他非银行金融机构上季末资本净额1%以上，或累计达到其他非银行金融机构上季末资本净额5%以上的交易（金融租赁公司除外）。

② 金融租赁公司重大关联交易是指金融租赁公司与单个关联方之间单笔交易金额达到金融租赁公司上季末资本净额5%以上，或累计达到金融租赁公司

上季末资本净额 10% 以上的交易。

③ 其他非银行金融机构与单个关联方的交易金额累计达到第②项所述标准后，其后发生的关联交易，每累计达到上季末资本净额 1% 以上，应当重新认定为重大关联交易（金融租赁公司除外）。

④ 金融租赁公司与单个关联方的交易金额累计达到第③项所述标准后，其后发生的关联交易，每累计达到上季末资本净额 5% 以上，应当重新认定为重大关联交易。

12. 关联交易的禁止性规定

① 银行保险机构不得通过掩盖关联关系、拆分交易等各种隐蔽方式规避重大关联交易审批或监管要求。

② 银行保险机构不得利用各种嵌套交易拉长融资链条、模糊业务实质、规避监管规定，不得为股东及其关联方违规融资、腾挪资产、空转套利、隐匿风险等。

③ 银行机构不得直接通过或借道同业、理财、表外等业务，突破比例限制或违反规定向关联方提供资金。

④ 银行机构不得接受本行的股权作为质押提供授信。银行机构不得为关联方的融资行为提供担保（含等同于担保的或有事项），但关联方以银行存单、国债提供足额反担保的除外。

⑤ 银行机构向关联方提供授信发生损失的，自发现损失之日起两年内不得再向该关联方提供授信，但为减少该授信的损失，经银行机构董事会批准的除外。

⑥ 保险机构不得借道不动产项目、非保险子公司、信托计划、资管产品投资，或其他通道、嵌套方式等变相突破监管限制，为关联方违规提供融资。

⑦ 信托公司开展固有业务，不得向关联方融出资金或转移财产，不得为关联方提供担保。

⑧ 信托公司开展结构化信托业务不得以利益相关人作为劣后受益人，利益相关人包括但不限于信托公司及其全体员工、信托公司股东等。

⑨ 信托公司管理集合资金信托计划，不得将信托资金直接或间接运用于信

托公司的股东及其关联方,但信托资金全部来源于股东或其关联方的除外。

13. 关联交易的内部管理

① 银行保险机构应当制定关联交易管理制度。

② 银行保险机构董事会应当设立关联交易控制委员会,负责关联交易管理、审查和风险控制。

③ 关联交易控制委员会由三名以上董事组成,由独立董事担任负责人。

④ 银行保险机构应当在管理层面设立跨部门的关联交易管理办公室,成员应当包括合规、业务、风控、财务等相关部门人员。

14. 关联交易的决策程序

① 一般关联交易按照公司内部管理制度和授权程序审查,报关联交易控制委员会备案。

② 重大关联交易经由关联交易控制委员会审查后,提交董事会批准。董事会会议所作决议须经非关联董事三分之二以上通过。出席董事会会议的非关联董事人数不足三人的,应当提交股东(大)会审议。

③ 银行保险机构关联交易控制委员会、董事会及股东(大)会对关联交易进行表决或决策时,与该关联交易有利害关系的人员应当回避。

④ 独立董事应当逐笔对重大关联交易的公允性、合规性以及内部审批程序履行情况发表书面意见。

第六节　保险资金投资金融产品及大类资产配置合规与风险控制

一、法规导航

① 《关于保险资金投资有关金融产品的通知》;

② 《关于进一步加强保险资金股票投资监管有关事项的通知》；

③ 《关于加强和改进保险资金运用比例监管的通知》；

④ 《关于保险资金运用监管有关事项的通知》。

二、保险资金投资金融产品的监管要求

保险资金投资金融产品的监管要求详见表1-8。

表1-8 保险资金投资金融产品的监管要求

金融产品	监管要求	
银行存款	（1）保险资金用于银行存款的，银行应当满足： ①资本充足率、净资产和拨备覆盖率等符合监管要求； ②治理结构规范，内控体系健全，经营业绩良好； ③最近三年未发现重大违法违规行为； ④信用等级达到国家金融监督管理总局规定的标准。 （2）发行银行上年末经审计的净资产应当不低于300亿元或者为境内外主板上市商业银行，信用等级不低于国内信用评级机构评定的A级或者相当于A级的信用级别，境外上市并免于国内信用评级的，信用等级不低于国际信用评级机构评定的BB级或者相当于BB级的信用级别。 （3）保险公司办理银行存款业务，存款银行最近一年长期信用评级要求达到A级或者相当于A级以上。 （4）保险公司办理银行存款业务，应当选择取得保险资金托管资质的商业银行或者其他专业金融机构实施第三方托管，防范资金挪用风险	（1）募集资金投资方向应当符合国家宏观政策、产业政策和监管政策；产品结构简单，基础资产清晰，信用增级安排确凿，具有稳定可预期的现金流；建立信息披露机制和风险隔离机制，并实行资产托（保）管。保险资金应当优先投资在公开平台登记发行和交易转让的金融产品。 （2）资产投资范围限于境内市场的信贷资产、存款、货币市场工具及公开发行且评级在投资级以上的债券，且基础资产由发行银行独立负责投资管理，自主风险评级处于风险水平最低的一级至三级。 （3）保险公司投资金融产品，应当符合下列条件： ①上季度末偿付能力充足率不低于120%； ②具有公司董事会或者董事会授权机构批准投资的决议；
债券	应当达到国家金融监督管理总局认可的信用评级机构评定的且符合规定要求的信用级别，主要包括政府债券、金融债券、企业（公司）债券、非金融企业债务融资工具以及符合规定的其他债券	

第一章 保险资金投资——综合业务法律合规与风险控制

续表

金融产品	监管要求	
股票	（1）公开发行并上市交易的股票和上市公司向特定对象非公开发行的股票。 （2）保险资金开展股票投资，分为一般股票投资、重大股票投资和上市公司收购等，国家金融监督管理总局根据不同情形实施差别监管。 （3）保险资金投资全国中小企业股份转让系统挂牌的公司股票，以及以外币认购及交易的股票，由国家金融监督管理总局另行规定	③具有完善的投资决策与授权机制、风险控制机制、业务操作流程、内部管理制度和责任追究制度； ④资产管理部门合理设置投资金融产品岗位，并配备专职人员； ⑤已经建立资产托管机制，资金管理规范透明； ⑥信用风险管理能力达到规定标准； ⑦最近三年未发现重大违法违规行为。 保险公司委托投资的，不受第④⑥项的限制
证券投资基金	基金管理人应当具备以下条件。 ①公司治理良好、风险控制机制健全。 ②依法履行合同，维护投资者合法权益。 ③设立时间一年（含）以上。 ④最近三年没有重大违法违规行为；设立未满三年的，自其成立之日起没有重大违法违规行为。 ⑤建立有效的证券投资基金和特定客户资产管理业务之间的防火墙机制。 ⑥投资团队稳定，历史投资业绩良好，管理资产规模或者基金份额相对稳定	
股权	境内依法设立和注册登记，且未在证券交易所公开上市的股份有限公司和有限责任公司的股权	
信贷资产支持证券	（1）入池基础资产限于五级分类为正常类和关注类的贷款。按照孰低原则，产品信用等级不低于国内信用评级机构评定的A级或相当于A级的信用级别。 （2）保险资金投资的信贷资产支持证券，担任发起机构的银行业金融机构，其净资产和信用等级不低于国内信用评级机构评定的A级或者相当于A级的信用级别，境外上市并免于国内信用评级的，信用等级不低于国际信用评级机构评定的BB级或者相当于BB级的信用级别	
资金信托计划	（1）基础资产限于融资类资产和风险可控的非上市权益类资产，且由受托人自主管理，承担产品设计、项目筛选、投资决策及后续管理等实质性责任。其中，固定收益类的集合资金信托计划，信用等级应当不低于国内信用评级机构评定的A级或者相当于A级的信用级别。 （2）担任受托人的信托公司应当具有完善的公司治理、良好的市场信誉和稳定的投资业绩，上年末经审计的净资产不低于30亿元	

续表

金融产品	监管要求
专项资产管理计划	（1）应当符合证券公司企业资产证券化业务的有关规定，信用等级不低于国内信用评级机构评定的 A 级或者相当于 A 级的信用级别。 （2）担任计划管理人的证券公司上年末经审计的净资产应当不低于 60 亿元，证券资产管理公司上年末经审计的净资产应当不低于 10 亿元
基础设施债权投资计划	应当符合《保险资金间接投资基础设施项目试点管理办法》等有关规定，基础资产限于投向国务院、有关部委或者省级政府部门批准的基础设施项目债权资产。偿债主体最近一个会计年度资产负债率、经营现金流与负债比率和利息保障倍数，达到同期全国银行间债券市场新发行债券企业行业平均水平。产品信用等级不低于国内信用评级机构评定的 A 级或者相当于 A 级的信用级别
不动产投资计划	应当符合《保险资金投资不动产暂行办法》等有关规定。不动产投资计划属于固定收益类的，应当具有合法有效的信用增级安排，信用等级不低于国内信用评级机构评定的 A 级或者相当于 A 级的信用级别；属于权益类的，应当落实风险控制措施，建立相应的投资权益保护机制
资产证券化产品	金融机构以可特定化的基础资产所产生的现金流为偿付支持，通过结构化等方式进行信用增级，在此基础上发行的金融产品
创业投资基金等私募基金	主要投资创业企业普通股或者依法可转换为普通股的优先股、可转换债券等权益的股权投资基金
控股投资及自购不动产	（1）保险集团（控股）公司、保险公司购置自用不动产、开展上市公司收购或者从事对其他企业实现控股的股权投资，应当使用自有资金。 （2）保险集团（控股）公司、保险公司对其他企业实现控股的股权投资，应当满足有关偿付能力监管规定。保险集团（控股）公司的保险子公司不符合国家金融监督管理总局偿付能力监管要求的，该保险集团（控股）公司不得向非保险类金融企业投资。 实现控股的股权投资应当限于下列企业：

续表

金融产品	监管要求
控股投资及自购不动产	①保险类企业，包括保险公司、保险资产管理机构以及保险专业代理机构、保险经纪机构、保险公估机构； ②非保险类金融企业； ③与保险业务相关的企业。 （3）保险集团（控股）公司、保险公司购置自用不动产、开展上市公司收购或者从事对其他企业实现控股的股权投资，应当使用自有资金
创新业务监管	保险机构开展保险私募基金、股权投资计划、政府和社会资本合作（PPP）等保险资金运用创新业务，要遵循审慎合规原则，投资收益应当与被投资企业的经营业绩或股权投资基金的投资收益挂钩，不得要求地方政府或融资平台公司通过支付固定投资回报或约定到期、强制赎回投资本金等方式承诺保障本金和投资收益，不得为地方政府违法违规或变相举债提供任何形式的便利
保险资金投资融资平台公司	（1）保险机构向融资平台公司提供债权投资的，应当对投资是否符合相关法律法规出具专项法律意见。 （2）融资平台公司作为融资主体的，其自有现金流应当覆盖全部应还债务本息，并向保险机构主动声明不承担政府融资职能。 （3）严禁违法违规向地方政府提供融资，不得要求地方政府违法违规提供担保。 （4）地方政府及其所属部门不得以文件、会议纪要、领导批示等任何形式，向保险机构违法违规或变相举债

1. 关于禁止性规定

（1）保险资金禁止投资的领域

① 存款于非银行金融机构；

② 买入被交易所实行"特别处理""警示存在终止上市风险的特别处理"的股票；

③ 投资不符合国家产业政策的企业股权和不动产；

④ 直接从事房地产开发建设；

⑤ 将保险资金运用形成的投资资产用于向他人提供担保或者发放贷款（个人保单质押贷款除外）；

⑥ 国家金融监督管理总局禁止的其他投资行为。

（2）对保险机构的禁止性规定

① 保险机构投资金融产品，不得与当事人实施利益输送、利益转移等不当交易行为，不得通过关联交易或者其他方式侵害公司或者被保险人利益。

② 保险机构不得投资结构化金融产品的劣后级份额（以公司自身所持资产或资产收益权为基础资产的结构化金融产品除外）。

③ 保险集团（控股）公司和保险公司不得委托保险资产管理公司投资单一资产管理计划和面向单一投资者发行的私募理财产品。

2. 关于金融产品

金融产品是指商业银行或理财公司、信托公司、金融资产投资公司、证券公司、证券资产管理公司、证券投资基金管理公司等金融机构依法发行的资产管理产品和资产证券化产品，包括理财产品、集合资金信托、债转股投资计划、信贷资产支持证券、资产支持专项计划、单一资产管理计划和国家金融监督管理总局认可的其他产品。

（1）保险集团（控股）公司和保险公司投资金融产品应当符合的条件

① 上季度末综合偿付能力充足率不低于120%。

② 经公司董事会或者董事会授权机构批准，建立金融产品投资决策与授权机制。

③ 具有完善的金融产品投资业务流程、风险管理体系、内部管理制度和责任追究制度。

④ 资产管理部门合理设置金融产品投资岗位，并配备专业人员。

⑤ 建立资产托管机制，资金管理规范透明。

（2）保险资金投资理财产品应当符合的要求

① 保险机构具备信用风险管理能力。

② 理财产品管理人为商业银行的，该商业银行上一会计年度末经审计的净资产不得低于300亿元，或者已经在境内外交易所主板上市；理财产品管理人为理财公司的，该理财公司的注册资本不得低于30亿元。

③ 理财产品的投资范围限于境内市场的逆回购协议、银行存款、债权类资

产等国家金融监督管理总局认可的资产，投资品种在保险资金运用范围内；产品可以运用金融衍生产品进行对冲或规避风险。

④ 保险集团（控股）公司和保险公司投资面向单一投资者发行的私募理财产品，应当按照穿透原则将基础资产分别纳入相应投资比例进行管理。保险集团（控股）公司和保险公司投资的其他理财产品纳入其他金融资产投资比例管理。

（3）保险资金投资信贷资产支持证券应当符合的要求

① 保险机构具备信用风险管理能力。

② 担任发起机构的商业银行上一会计年度末经审计的净资产不得低于300亿元，或者已经在境内外交易所主板上市。

③ 入池基础资产限于五级分类为正常类的贷款。

④ 信贷资产支持证券纳入其他金融资产投资比例管理。

（4）保险资金投资资产支持专项计划应当符合的要求

① 保险机构具备信用风险管理能力。

② 担任管理人的证券公司上一会计年度末经审计的净资产不得低于30亿元，证券资产管理公司上一会计年度末经审计的净资产不得低于10亿元。

③ 资产支持专项计划纳入其他金融资产投资比例管理。

（5）保险集团（控股）公司和保险公司投资单一资产管理计划应当符合的要求

① 担任管理人的证券公司、证券资产管理公司、证券投资基金管理公司应当具备以下条件。

a. 公司治理完善，操作流程、内控机制、风险管理及审计体系、公平交易和风险隔离机制健全，具有国家金融管理部门认可的资产管理业务资质。

b. 具有稳定的过往投资业绩，配备15名以上具有相关资质和投资经验的专业人员。其中，具有3年以上投资经验的人员不少于10名，具有5年以上投资经验的人员不少于5名。

c. 取得私募资产管理业务资格3年以上。

d. 最近连续5个季度末私募资产管理业务主动管理资产余额100亿元以上，或者集合资产管理业务主动管理资产余额50亿元以上。

② 单一资产管理计划的投资范围限于境内市场的逆回购协议、银行存款、标准化债权类资产、上市公司股票、证券投资基金等国家金融监督管理总局认可的资产，投资品种属于保险资金运用范围；产品可以运用金融衍生产品对冲或规避风险。

③ 保险集团（控股）公司和保险公司投资单一资产管理计划，应当按照穿透原则将基础资产分别纳入相应投资比例进行管理。

三、保险资金委托投资问题

1. 投资范围

保险资金委托投资资产限于国家金融监督管理总局规定的保险资金运用范围，直接股权投资、以物权和股权形式持有的投资性不动产除外。

2. 委托人的条件

① 具有完善的公司治理、决策流程和内控机制。

② 具有健全的资产管理体制和明确的资产配置计划。

③ 财务状况良好，委托投资相关人员管理职责明确，资产配置能力符合国家金融监督管理总局有关规定。

④ 建立委托投资管理制度，包括受托人选聘、监督、评价、考核等制度，并覆盖委托投资全部过程。

⑤ 建立委托资产托管机制，资金运作透明规范。

⑥ 国家金融监督管理总局规定的其他条件。

3. 委托人的禁止性规定

① 妨碍、干预受托人正常履行职责，包括违反委托投资管理协议或委托投资指引对投资标的下达交易指令等。

② 要求受托人提供其他委托人信息。

③ 要求受托人提供最低投资收益保证。

④ 非法转移利润或者进行其他利益输送。

⑤ 利用受托人违规开展关联交易。

⑥ 国家有关法律法规和监管规定禁止的其他行为。

4. 受托人的条件（主动管理的职责）

① 公司治理完善，操作流程、内控机制、风险管理及审计体系、公平交易和风险隔离机制健全。

② 具有稳定的投资管理团队，设置资产配置、投资研究、投资管理、风险管理、绩效评估等专业岗位。

③ 具有一年以上受托投资经验，受托管理关联方保险资金除外。

④ 具备相应的投资管理能力并持续符合监管要求，其中，受托开展间接股权投资的，应当具备股权投资计划产品管理能力；受托开展不动产金融产品投资的，应当具备债权投资计划产品管理能力。

5. 受托人的违规行为

① 违反委托投资管理协议或委托投资指引。

② 承诺受托管理资产不受损失，或者保证最低收益。

③ 不公平对待不同资金，包括直接或间接在受托投资账户、保险资产管理产品账户、自有资金账户之间进行利益输送等。

④ 混合管理自有资金与受托资金。

⑤ 挪用受托资金。

⑥ 以保险资金及其投资形成的资产为他人提供担保。

⑦ 违规将受托管理的资产转委托。

⑧ 将受托资金投资于面向单一投资者发行的私募理财产品、证券期货经营机构发行的单一资产管理计划。

⑨ 为委托人提供规避投资范围、杠杆约束等监管要求的通道服务。

⑩ 利用受托资金为委托人以外的第三人谋取利益，或者为自己谋取合同约

定报酬以外的利益。

⑪ 以资产管理费的名义或者其他方式与委托人合谋获取非法利益。

⑫ 国家有关法律法规和监管规定禁止的其他行为。

四、保险公司配置大类资产运用上限比例

投资标的账面余额上限比例详见表1-9。

表1-9 投资标的账面余额上限比例

投资标的	账面余额上限比例
权益类资产	账面余额合计不高于本公司上季末总资产的30%，且重大股权投资的账面余额不高于本公司上季末净资产。账面余额不包括保险公司以自有资金投资的保险类企业股权
不动产类资产	账面余额合计不高于本公司上季末总资产的30%。账面余额不包括保险公司购置的自用性不动产。 保险公司购置自用性不动产的账面余额，不高于本公司上季末净资产的50%
其他金融资产	账面余额合计不高于本公司上季末总资产的25%
境外投资	余额合计不高于本公司上季末总资产的15%
单一固定收益类资产、权益类资产、不动产类资产、其他金融资产	账面余额均不高于本公司上季末总资产的5%。投资境内的中央政府债券、准政府债券、银行存款，重大股权投资和以自有资金投资保险类企业股权，购置自用性不动产，以及集团内购买保险资产管理产品等除外。 单一资产投资是指投资大类资产中的单一具体投资品种。投资品种分期发行，投资单一资产的账面余额为各分期投资余额合计
单一法人主体	余额合计不高于本公司上季末总资产的20%。投资境内的中央政府债券、准政府债券和以自有资金投资保险类企业股权等除外。 单一法人主体是指保险公司进行投资而与其形成直接债权或直接股权关系的具有法人资格的单一融资主体

【注】本表根据国家金融监督管理总局后续发布的相关规定删除了不适用的条款。

五、保险投资资产风险五级分类

(一)保险投资资产的风险分类及判断标准

保险投资资产按照风险程度分为正常、关注、次级、可疑和损失五类,后三类合称为"不良资产"。

保险投资资产的风险分类及判断标准详见表1-10。

表1-10 保险投资资产的风险分类及判断标准

类别	判断标准
正常类	资产未出现减值迹象,资金能够正常回收,没有足够理由怀疑资产及收益会发生损失。其基本特征为"一切正常"
关注类	资产未出现显著减值迹象,但存在一些可能造成资产及收益损失的不利因素。其基本特征为"潜在缺陷"
次级类	资产已出现显著减值迹象,即使采取各种可能措施,资产仍可能形成一定损失,但损失较小。其基本特征为"缺陷明显,损失较小"
可疑类	资产已显著减值,即使采取措施,也肯定要形成较大损失。其基本特征为"肯定损失,损失较大"
损失类	在采取所有可能的措施或一切必要的法律程序之后,资产仍然全部损失或只能收回极少部分。其基本特征为"基本损失"

(二)固定收益类资产、不动产类资产、股权投资类资产的细分标准

1. 固定收益类资产分类及判断标准(见表1-11)

表1-11 固定收益类资产分类及判断标准

类别	判断标准
正常类	偿债主体和交易相关各方能够履行合同或协议,没有足够理由怀疑保险机构投资的本金及收益不能按时足额收回
关注类	尽管偿债主体和交易相关各方目前有能力偿还,但存在一些可能对偿还产生不利影响的因素

续表

类别	判断标准
次级类	偿债主体的偿还能力出现明显问题，完全依靠其正常经营收入无法足额偿还保险机构投资的本金及收益，即使执行增信措施，也可能造成一定的损失
可疑类	偿债主体无法足额偿还保险机构投资的本金及收益，即使执行增信措施，也肯定要造成较大损失
损失类	在采取所有可能的措施或一切必要的法律程序之后，保险机构投资的本金及收益仍然无法收回，或只能收回极少部分

2. 不动产类资产分类及判断标准（见表1-12）

表1-12　不动产类资产分类及判断标准

类别	判断标准	
正常类	不动产的公允评估价值不低于投资成本，没有影响该不动产价值的重大不利因素	（1）需要进行风险分类的资产为以成本法计量的非自用性不动产，其主要形式包括：商业不动产、办公不动产、符合条件的政府土地储备项目，与保险业务相关的养老、医疗、汽车服务等符合国家金融监督管理总局规定的投资不动产类别。 （2）非自用性不动产的分类主要考虑不动产的公允评估价值。公允评估价值的确定原则为：如存在活跃市场，则其市场价值即为其公允评估价值；如不存在活跃市场，但类似资产存在活跃市场的，该不动产的公允评估价值应比照相关类似资产的市场价值确定；如本身不存在活跃市场，也不存在类似的资产活跃市场，则公允评估价值采用近一年内全国性资产评估公司作出的评估价值
关注类	不动产的公允评估价值虽不低于投资成本，但估计存在影响不动产投资的不利因素，如宏观经济、行业和市场发生不利变化	
次级类	不动产的公允评估价值低于投资成本，不动产投资存在一定风险，预计损失程度在30%以内	
可疑类	不动产的公允评估价值低于投资成本，不动产投资存在较大风险，预计损失程度为30%（含）～80%	
损失类	不动产的公允评估价值低于投资成本，不动产投资肯定损失，预计损失程度在80%（含）以上。 预计损失程度 =[（投资成本 – 公允评估价值）/ 投资成本]×100%	

3. 股权投资类资产分类标准

根据保险资金投资股权的相关规定，对于可以获得被投资企业股权公允市场价格的，按投资成本与公允市场价格孰低法进行分类。公允市场价格的确定原则为：如存在活跃市场，其市价即为公允市场价格；如不存在活跃市场，但类似股权存在活跃市场，该股权的公允市场价格应比照相关类似股权的市价确定。类似股权建议选择上市公司，参考标准为：公司所属行业、总资产、净资产、每股收益、净资产收益率等方面的指标基本相同。

可以获得被投资企业股权公允市场价格的投资类资产分类及判断标准详见表1-13。

表1-13 可以获得被投资企业股权公允市场价格的投资类资产分类及判断标准

类别	判断标准
正常类	公允市场价格不低于投资成本，没有影响股权投资的不利因素
关注类	公允市场价格虽不低于投资成本，但估计存在影响股权投资的不利因素
次级类	公允市场价格低于投资成本，股权投资存在一定风险，预计损失率在30%以内
可疑类	公允市场价格低于投资成本，股权投资存在较大风险，预计损失率为30%（含）～80%
损失类	公允市场价格低于投资成本，股权投资肯定损失，预计损失率在80%（含）以上。预计损失率=[（投资成本−公允市场价格）/投资成本]×100%

对于无法获得被投资企业股权公允市场价格的，应综合考虑被投资企业的经营状况、财务状况、盈利能力、净资产等因素，以及股权的退出机制安排，整体评价其风险状况和预计损失程度。

无法获得被投资企业股权公允市场价格的投资类资产分类及判断标准详见表1-14。

表1-14 无法获得被投资企业股权公允市场价格的投资类资产分类及判断标准

类别	判断标准
正常类	同时满足如下条件：①持股净资产总额不低于投资成本；②被投资企业的经营状况良好，盈利能力较强，按约定正常分红；③股权具有明确的、有效的退出机制安排

续表

类别	判断标准
关注类	同时满足如下条件：①持股净资产总额不低于投资成本；②被投资企业的盈利能力一般，已不能按约定正常分红；③股权的退出机制不太明确或有效性较弱
次级类	出现下列情形之一：①持股净资产总额低于投资成本，预计损失程度在30%以内；②被投资企业的盈利能力较差，经营出现较大问题，连续三年不能按约定分红；③对新开业（不满三年）企业的股权投资，持股净资产总额低于投资成本，但被投资企业的经营状况良好，经营前景较好，相应的股权投资可划分为关注类
可疑类	出现下列情形之一：①持股净资产总额低于投资成本，预计损失程度为30%（含）~80%；②被投资企业出现经营危机或有重大违规问题，监管部门已对其发出警示或整改通知；③被投资企业资不抵债，但差额较小
损失类	出现下列情形之一：①持股净资产总额低于投资成本，预计损失程度在80%（含）以上；②被投资企业资不抵债，且差额较大；③被投资企业已被宣告破产、接管、撤销，或停止经营、名存实亡，进入清算程序等。 预计损失程度=[（投资成本－持股净资产总额）/ 投资成本]×100%，其中，持股净资产总额＝每股净资产×保险机构持股数 自投资发生之日起不满两年的股权投资，可以不考虑上述分类标准的第①项因素

股权金融产品的分类，主要采用穿透法，重点对股权所指向企业的质量和风险状况进行评估，同时考虑股权投资管理机构的资信状况、投资管理能力、风险控制措施、投资权益保护机制、股权退出机制安排等因素，合理确定该类产品的风险分类。

基础资产为单个标的企业的资产分类及判断标准（基础资产为多个标的企业的参照执行）详见表1-15。

表1-15 基础资产为单个标的企业的资产分类及判断标准

类别	判断标准
正常类	同时满足如下条件：①标的企业经营状况良好，盈利能力较强，能按约定正常分红；②股权投资管理机构能够履行投资合同或协议，经营业绩良好；③股权投资管理机构具有预期可行的股权退出机制安排

续表

类别	判断标准
关注类	出现下列情形之一：①标的企业的盈利能力一般，已不能按约定正常分红；②股权投资管理机构虽然目前能够履行投资合同或协议，但存在一些可能对履行合同或协议产生不利影响的因素；③股权投资管理机构安排的股权退出机制不太明确或有效性较弱
次级类	出现下列情形之一：①标的企业盈利能力较差，经营出现较大问题，财务状况出现恶化现象，连续三年不能按约定分红；②股权投资管理机构存在一定的违约可能性，或已不能正常履行投资合同或协议，可能会给保险机构的股权投资造成一定损失，预计损失程度在30%以内
可疑类	出现下列情形之一：①标的企业出现经营危机，财务状况严重恶化或有重大违规问题，监管部门已对其发出警示或整改通知；②标的企业资不抵债，但差额较小；③股权投资管理机构存在较大的违约可能性，或基本不能履行投资合同或协议，肯定会给保险机构的股权投资造成较大损失，预计损失程度为30%（含）～80%
损失类	出现下列情形之一：①标的企业资不抵债，且差额较大；②标的企业已被宣告破产、接管、撤销，或停止经营、名存实亡，进入清算程序等；③股权投资管理机构已宣布违约，在采取所有可能的措施或一切必要的法律程序之后，保险机构的股权投资仍然全部损失或只能收回极少部分，预计损失程度在80%（含）以上。 预计损失程度 =[（股权投资成本 – 收回投资额）/ 股权投资成本]×100%

第七节　地方政府融资平台合规与风险控制

一、法规导航

①《关于加强地方政府融资平台公司管理有关问题的通知》（国发〔2010〕19号）；

②《关于加强保险资金运用管理 支持防范化解地方政府债务风险的指导意见》。

二、地方政府融资平台公司的定义

根据《国务院关于加强地方政府融资平台公司管理有关问题的通知》的规定，地方政府融资平台公司指由地方政府及其部门和机构等通过财政拨款或注入土地、股权等资产设立，承担政府投资项目融资功能，并拥有独立法人资格的经济实体。

三、地方政府融资平台的市场化运作

根据《国务院关于加强地方政府融资平台公司管理有关问题的通知》的规定，地方政府融资平台的市场化运作有以下几个注意要点。

① 地方政府设立融资平台公司的，必须严格依照有关法律法规办理，足额注入资本金，学校、医院、公园等公益性资产不得作为资本注入融资平台公司。

② 地方政府在出资范围内对融资平台公司承担有限责任，实现融资平台公司债务风险内部化。

③ 地方政府融资平台公司向银行业金融机构申请贷款须落实到项目，以项目法人公司作为承贷主体，并符合有关贷款条件的规定。

④ 地方政府融资平台融资项目必须符合国家宏观调控政策、发展规划、行业规划、产业政策、行业准入标准和土地利用总体规划等要求，按照国家有关规定履行项目审批、核准或备案手续。要严格按照规定用途使用资金，讲求效益，稳健经营。

⑤ 地方政府融资平台凡没有稳定现金流作为还款来源的，不得发放贷款。向融资平台公司新发贷款要直接对应项目，并严格执行国家有关项目资本金的规定。

四、保险资金投资融资平台公司的业务合规性

① 保险机构向融资平台公司提供债权投资的，应当对投资是否符合相关法

律法规出具专项法律意见。

② 融资平台公司作为融资主体的，其自有现金流应当覆盖全部应还债务本息，并向保险机构主动声明不承担政府融资职能，且新增债务依法不属于地方政府债务。

③ 投资项目为公益性项目的，应当符合法律或国务院规定，且融资主体和担保主体不得同为融资平台公司。

④ 融资平台公司还款来源涉及财政性资金的，保险机构应当严格核实地方政府履行相关程序的合规性和完备性，并进一步综合区域经济和财政实力、拟投项目可行性等因素，充分评估地方政府的财政可承受力，审慎开展投资。

⑤ 保险机构要将融资平台公司视同一般国有企业，根据项目情况而不是政府信用独立开展风险评估，严格实施市场化融资。

⑥ 保险机构应当严格执行《预算法》《民法典》和《国务院关于加强地方政府性债务管理的意见》等法律和规定，依法合规开展投资业务，鼓励保险机构购买地方政府债券，严禁违法违规向地方政府提供融资，不得要求地方政府违法违规提供担保。

⑦ 地方政府及其所属部门不得以文件、会议纪要、领导批示等任何形式，向保险机构违法违规或变相举债。

⑧ 除外国政府和国际经济组织贷款转贷外，地方政府及其所属部门不得对保险机构投资业务中任何单位和个人的债务提供任何方式的担保。

第八节　保险资金境外投资合规与风险控制

一、法规导航

① 《保险资金境外投资管理暂行办法》；

②《保险资金境外投资管理暂行办法实施细则》。

二、相关主体资格要求

1. 委托人

委托人是指在中华人民共和国境内依法设立的保险公司、保险集团公司、保险控股公司等保险机构。

委托人从事保险资金境外投资，应当具备下列条件。

① 建立健全的法人治理结构和完善的资产管理体制，内部管理制度和风险控制制度符合《保险资金运用风险控制指引（试行）》的规定。

② 具有较强的投资管理能力、风险评估能力和投资绩效考核能力。

③ 有明确的资产配置政策和策略，实行严格的资产负债匹配管理。

④ 投资管理团队运作行为规范，主管投资的公司高级管理人员从事金融或者其他经济工作10年以上。

⑤ 财务稳健，资信良好，偿付能力充足率和风险监控指标符合国家金融监督管理总局有关规定，近三年没有重大违法违规记录。

⑥ 具有经营外汇业务许可证。

2. 受托人

受托人包括境内受托人和境外受托人。境内受托人是指在中华人民共和国境内依法设立的保险资产管理公司，以及符合国家金融监督管理总局规定条件的境内其他专业投资管理机构。境外受托人是指在中华人民共和国境外依法设立，符合国家金融监督管理总局规定条件的专业投资管理机构。

境内受托人接受境外保险投资委托，应当具备下列条件。

① 具有从事保险资产管理业务的相关资格。

② 建立健全的法人治理结构和有效的内部管理制度。

③ 建立严密的风险控制机制，具有良好的境外投资风险管理能力、安全高效的交易管理系统和财务管理系统。

④ 具有经验丰富的管理团队，擅长境外投资和保险资产管理业务，配备一定数量的投资专业人员，主管投资的公司高级管理人员从事金融或者其他经济工作10年以上。

⑤ 实收资本和净资产均不低于1亿元或者等值的自由兑换货币，资本规模和受托管理的资产规模符合国家金融监督管理总局规定。

⑥ 财务稳健，资信良好，风险监控指标符合国家金融监督管理总局的有关规定，近三年没有重大违法违规记录。

境外受托人从事保险资金境外投资受托管理业务，应当具备下列条件。

① 具有独立法人资格，依照所在国家或者地区的法律，具有从事资产管理业务的相关资格。

② 建立健全的法人治理结构，实行有效的内部管理制度。

③ 建立严密的风险控制机制、安全高效的交易管理系统和财务管理系统，具备全面的风险管理能力。

④ 具有经验丰富的管理团队，擅长保险资产管理业务，配备一定数量的投资专业人员且平均专业投资经验在10年以上。

⑤ 财务稳健，资信良好，风险监控指标符合所在国家或者地区法律和监管机构的有关规定，近三年没有重大违法违规记录。

⑥ 有符合国家金融监督管理总局规定的资本规模和资产管理规模。

⑦ 购买与资产管理规模相适应的有关责任保险。

⑧ 所在国家或者地区的金融监管制度完善，金融监管机构与中国金融监管机构已经签订监管合作文件，并保持有效的监管合作关系。

除此之外，还须规范决策和操作流程，实行专业岗位分离制度，建立内部控制和稽核监督机制，防范操作及其他风险，保障保险资金境外投资有序运行，应当建立重大突发事件应急机制，防范化解重大突发风险。

3. 托管人

托管人是指在中华人民共和国境内依法设立，符合国家金融监督管理总局规定条件的商业银行和其他金融机构。担任托管人的商业银行包括中资银行、中外合资银行、外商独资银行和外国银行分行。

托管人从事保险资金境外投资托管业务，应当具备下列条件。

① 建立健全的法人治理结构，实行有效的内部管理制度。

② 建立严密的风险控制机制、严格的托管资产隔离制度、安全高效的托管系统和灾难处置系统。

③ 具有经验丰富的管理团队，设立熟悉全球托管业务的专业托管部门，配备一定数量的托管业务人员。

④ 上年末资本充足率达到10%、核心资本充足率达到8%，财务稳健，资信良好，风险监控指标符合有关规定，近三年没有重大违法违规记录。

⑤ 有符合国家金融监督管理总局规定的资本规模和托管资产规模。

⑥ 具有结售汇业务资格。

三、保险资金境外投资的投资形式、投资品种

用于境外投资的保险资金，是指委托人自有外汇资金、用人民币购买的外汇资金及上述资金境外投资形成的资产。

保险资金境外投资限于下列投资形式或者投资品种。

① 商业票据、大额可转让存单、回购与逆回购协议、货币市场基金等货币市场产品。

② 银行存款、结构性存款、债券、可转债、债券型基金、证券化产品、信托型产品等固定收益产品。

③ 股票、股票型基金、股权、股权型产品等权益类产品。

④《保险法》和国务院规定的其他投资形式或者投资品种。

委托人可以授权受托人运用远期、掉期、期权、期货等金融衍生产品进行风险对冲管理。金融衍生产品仅用于规避投资风险，不得用于投机或者放大交易。

第九节　保险资金投资违规处罚案例

国家金融监督管理总局对保险金融机构开展保险资金投资业务主要进行事后监管，保险金融机构开展保险资金投资合规与风控主要基于公司内部的规范性运作和借助外部中介机构如律师事务所和会计师事务所的专业判断。近些年来，保险资金投资运用的领域不断拓宽，金融创新不断完善，保险资金已经成为支持实体经济的重要力量，一些保险金融机构由于对保险资金运用的合规和风控意识不强，尚未建立有效的内外部合规风控体系，导致出现一些违法或者违规使用保险资金的行为。这集中体现在保险资金违规购买股票及违规举牌上市公司，违规投资不具有增信措施的金融产品，违规将保险资金委托给不具备管理保险资产资格的金融机构等。

保险资金投资违规违法事实及相关处罚详见表1-16。

表1-16　保险资金投资违规违法事实及相关处罚

序号	违法事实	相关法律法规	处罚内容
1	提供虚假报告和报表、未经批准擅自修改公司章程、未经批准擅自任命董事及高级管理人员、违反规定运用资金、违反规定异地展业	《保险法》第八十二条、第一百零五条、第一百二十二条；《保险公司投资证券投资基金管理暂行办法》第八条；《保险公司管理规定》第十三条、第五十一条	警告
2	将保险资金委托给不具备资质的机构投资理财	《保险法》第一百零六条	罚款30万元，并限制其股权和不动产投资业务6个月

续表

序号	违法事实	相关法律法规	处罚内容
3	未谨慎处理相关投资计划事务。①声称市场谈判因素导致项目投资收益率发生变更，但监管部门检查未发现投资收益率变更的任何内部审批文件；②内部文件记载的核心投资要素与备案文件和相关合同的内容多处不一致	《保险法》第一百零六条	罚款10万元
4	未按照保险资金委托投资管理要求开展股票投资，股票投资交易笔数2,480笔，股票平均持有期73天，其中9月下旬至11月上旬短期炒作相关股票造成恶劣社会影响	《保险法》第一百零六条	限制股票投资1年
5	未制定资金运用制度、投资团队人员未达要求、未按规定开展投后管理、偿付能力不足前提下开展相关投资、集合资金信托计划未报关联交易	《关于加强和改进保险资金运用比例监管的通知》	自接到行政监管措施决定书之日起，不得新增不动产相关投资
6	投资管理能力不符合监管规定、违规开展其他金融资产投资、违规购买债券和不动产	《保险法》第一百零六条；《关于保险资金投资集合资金信托有关事项的通知》第八条；《保险资金投资不动产暂行办法》第二十二条、第二十五条	自接到行政监管措施决定书之日起6个月内不得新增股权和其他金融资产投资
7	项目子公司融资借款超过监管比例规定、保险资金违规用于缴纳项目竞拍保证金、关联方长期占用保险资金	《保险法》第一百零六条	罚款90万元
8	不动产类资产占上季末总资产的30.72%	《关于加强和改进保险资金运用比例监管的通知》	自接到行政监管措施决定书之日起，不得新增不动产相关投资；整改完成并经同意后，方可开展相关投资业务

第一章 保险资金投资——综合业务法律合规与风险控制

续表

序号	违法事实	相关法律法规	处罚内容
9	自接到行政监管措施决定书之日起，不得新增不动产相关投资；整改完成并经同意后，方可开展相关投资业务	《保险资金投资股权暂行办法》第九条、第二十条；《关于保险资金投资股权和不动产有关问题的通知》第一条	对资金运用情况进行全面整改，整改期限为监管函下发之日起6个月，整改期间不得新增股权和集合资金信托计划投资

保险资金投资违规典型案例及相关处罚详见表1-17。

表1-17 保险资金投资违规典型案例及相关处罚

序号	处罚对象	违法行为	处罚内容
1	Y财产保险股份有限公司（Y产险）	2007年7月至2008年6月，Y产险违规购买11只无担保可转换公司债券，运用资金数额巨大，情节严重，违反了《保险法》第一百零五条及《保险机构投资者债券投资管理暂行办法》第三十三条的相关规定	依据《保险法》决定对Y产险作出罚款20万元、限制投资可转换公司债券6个月（现有可转换公司债券只准卖出，不准买入）的行政处罚
2	D保险股份有限公司（D公司）	2007年9月，D公司未提出申请，交付资金500万元申购N全球精选配置证券投资基金，其中中签3,071,342.12份，共支付资金3,098,979.25元。2008年6月，D公司以每份0.807元的价格将基金全部赎回，净收回资金2,466,180.22元。D公司申购N全球精选配置证券投资基金未提出申请的行为，违反了《保险资金境外投资管理暂行办法》第十五条、《保险法》第一百零五条的规定	依据《保险法》决定对D公司作出罚款10万元、限制偏股型基金投资业务3个月（自下发处罚通知之日起3个月内，D公司投资的偏股型基金账户，只准卖出，不准买进）的行政处罚
3	A农业保险股份有限公司（A公司）	2007年10月，A公司未提出申请，认购J海外证券投资基金6,116,665份，价值611.67万元。2008年5月，A公司以每份0.746元的价格将基金全部赎回，亏损150多万元。A公司认购J海外证券投资基金未提出申请的行为，违反了《保险资金境外投资管理暂行办法》第十五条、《保险法》第一百零五条的规定	依据《保险法》决定对A公司作出罚款10万元、限制偏股型基金投资业务3个月（自下发处罚通知之日起3个月内，A公司投资的偏股型基金账户，只准卖出，不准买进）的行政处罚

续表

序号	处罚对象	违法行为	处罚内容
4	R健康保险股份有限公司（R公司）	2006年至2008年，R公司存在提供虚假报告和报表、未经批准擅自修改公司章程、未经批准擅自任命董事及高级管理人员、违反规定运用资金、违反规定异地展业等违法违规行为。 R公司提供虚假报告和报表的行为，违反了《保险法》（2002年修正）第一百二十二条关于保险公司相关报表、文件和资料不得有虚假记载的规定；未经批准擅自修改公司章程的行为，违反了《保险法》（2002年修正）第八十二条关于修改公司章程必须经保险监督管理机构批准的规定；未经批准擅自任命董事及高级管理人员的行为，违反了《保险公司董事和高级管理人员任职资格管理规定》（2006年）第六条、第三十条的规定；违反规定运用资金的行为，违反了《保险法》（2002年修正）第一百零五条、《保险公司投资证券投资基金管理暂行办法》第八条第二项的规定；异地展业的行为，违反了《保险公司管理规定》（2004年）第十三条、第五十一条的规定	鉴于R公司已对上述违法违规行为进行了整改，依据《保险公司管理规定》，决定对R公司给予警告的行政处罚
5	赵某	赵某在担任R健康保险股份有限公司投资部门负责人兼董事会投资决策委员会委员期间，对该公司违反资金运用管理规定的行为负有直接责任。 该行为违反了《保险法》（2002年修正）第一百零五条、《保险公司投资证券投资基金管理暂行办法》第八条第二项的规定	依据《保险法》决定对赵某给予警告的行政处罚
6	H人寿保险股份有限公司（H人寿）	H人寿在2008年第四季度和2009年第一季度偿付能力严重不足的情况下，仍继续增加股票投资的行为，违反了《保险法》（2002）第一百零五条、《保险机构投资者股票投资管理暂行办法》第七条以及第四十五条的相关规定	依据《保险法》决定给予H人寿罚款10万元的行政处罚。 H人寿资产管理部总经理肖某和对上述违规投资行为负有直接责任，依据《保险法》决定给予其警告的行政处罚

续表

序号	处罚对象	违法行为	处罚内容
7	Z保险（集团）股份有限公司（Z集团）	2007年至2009年，Z集团存在以下行为：违反规定运用资金投资设立Z物业、收购其股权，部分资产、负债、薪酬、业务未按照规定进行会计核算，2007年未按照规定提取、管理非寿险业务准备金，部分报告未按照规定报送，2009年度公司治理报告部分内容与事实不符，未按照规定管理董事和高级管理人员。 Z集团提出2007年度非寿险业务准备金提取与管理行为已经超过两年处罚时效，2009年度公司治理报告部分内容与事实不符是理解差异的问题等申辩意见。 有关部门认为，Z集团于2008年10月报送有准备金数据的2007年度财务报表。Z集团未按照规定提取、管理非寿险业务准备金的违法行为一直处于不间断状态，应从行为终了之日起计算处罚时效；Z集团于2010年5月13日报送2009年度公司治理报告，该报告存在与报告时点事实不符的内容，并非理解差异的问题。综上，Z集团申辩理由不成立。 Z集团违反规定运用资金投资设立Z物业、收购其股权的行为，违反了《保险法》（2002年修正）第一百零五条的规定。依据《保险法》（2002年修正）第一百四十五条第五项的规定，有关部门决定对Z集团给予罚款30万元的行政处罚。 Z集团部分资产、负债、薪酬、业务未按照规定进行会计核算的行为，违反了《保险法》（2002年修正）第一百二十二条的规定。依据《保险法》（2002年修正）第一百四十七条第一项的规定，有关部门决定对Z集团给予罚款20万元的行政处罚。 Z集团2007年未按照规定提取、管理非寿险业务准备金的行为，违反了《保险法》（2002年修正）第九十四条的规定。依据《保险法》（2002年修正）第一百四十五条第二项的规定，有关部门决定对Z集团给予罚款10万元的行政处罚。 Z集团2009年度公司治理报告部分内容与事实不符的行为，违反了《保险法》第八十六条的规定。依据《保险法》第一百七十二条第一项的规定，有关部门决定对Z集团给予罚款10万元的行政处罚。 Z集团未按照规定管理董事和高级管理人员的行为，违反了《保险公司董事和高级管理人员任职资格管理规定》（2006年）第六条、第三十条、第三十一条、第三十三条的规定，依据《保险公司董事和高级管理人员任职资格管理规定》（2006年）第四十六条的规定，有关部门决定对Z集团给予警告并罚款1万元的行政处罚	决定对Z集团给予警告、罚款71万元的行政处罚

续表

序号	处罚对象	违法行为	处罚内容
8	G人寿保险股份有限公司（G人寿）	G人寿存在将保险资金委托给不具备资质的机构投资理财的行为。2008年年底，时任投资部负责人章某与副总经理康某商议委托S投资有限公司（以下简称"S"）投资事宜。2009年1月，G人寿与S签署委托投资协议，全权委托S投资理财。2009年1月22日、4月26日，G人寿形成增加委托理财受托方的决议，决定增加S的4家关联公司作为委托理财受托方。实际向S等公司划拨资金时，由章某起草签报，申请划拨资金额度，经康某签字同意，章某以投资债券和基金等名义，填写虚假投资交易单，上报公司总经理付某签字后，由财务部根据投资交易单及投资部口头信息，向S等公司划出款项。 经查，S等公司不符合资质要求，G人寿将保险资金交给上述机构投资违反了《保险法》第一百零六条的规定	根据《保险法》对G人寿罚款30万元，并限制其股权和不动产投资业务6个月。 时任总经理付某对公司投资业务负有法定管理职责，未尽到审慎的管理责任，并在相关文件上签字，对G人寿的违法行为负有直接责任，依据《保险法》对付某给予警告、罚款10万元的处罚。 时任副总经理康某分管投资业务，参与策划了违规投资理财事项，并在相关报告上签字，对G人寿的违法行为负有直接责任，根据《保险法》撤销其任职资格。 时任投资部负责人章某负责日常投资运作，提出委托投资建议并负责具体实施，提交虚假的投资交易申请单，以投资债券、基金为名申请保险资金划至S等公司，对G人寿的违法行为负有直接责任，根据《保险法》撤销其任职资格。 时任财务部负责人邹某负责日常财务管理，明知违规委托理财事实，仍在虚假投资交易申请单上签字，批准以投资债券、基金为名划出款项，对G人寿的违法行为负有直接责任，根据《保险法》对其给予警告、罚款5万元的处罚

续表

序号	处罚对象	违法行为	处罚内容
9	P资产管理有限责任公司（P资产）	2011年12月，P资产发起设立某债权投资计划，先后分两期募集资金50亿元进行定向投资。2011年12月12日，P资产报送项目备案报告。检查发现，P资产在项目管理上未谨慎处理相关投资计划事务。一是P资产称市场谈判因素导致项目投资收益率发生变更，但检查未发现投资收益率变更的任何内审批文件。二是内部文件记载的核心投资要素与备案文件和相关合同的内容存在多处不一致。备案后内部文件记载的投资收益率与备案文件记载的投资收益率不一致，内部文件记载的相关费用率与债权计划募集说明书和相关合同记载的费用率不一致。《保险资金间接投资基础设施项目试点管理办法》明确规定，投资计划的受托人应当为受益人最大利益谨慎处理投资计划事务。P资产的上述行为，反映出其在运用保险资金的过程中未尽到审慎管理职责，违反了《保险资金间接投资基础设施项目试点管理办法》的规定，构成《保险法》规定的违规运用保险资金的行为。陈某，曾任P资产董事长，负责公司日常经营管理，清楚知悉相关情况但未尽到审慎管理职责，对上述违法行为负有直接责任。上述事实有现场检查事实确认书、债权计划备案材料、发行情况报告、募集说明书、公司内部工作签报及工作邮件、议案申报表、投资会秘书处初审意见、债权计划相关合同和报告、相关人员询问笔录、相关人员任职情况和岗位职责等证据证明，足以认定	本案在审理过程中，当事人P资产、陈某提出陈述申辩，认为公司确实存在内部文件记载的核心投资要素与备案文件、有关合同内容等不一致的情况，但处罚过严，请求免于处罚。本案事实清楚，证据充分，当事人对违规行为的存在也无异议。根据《保险法》等，P资产的有关行为已经构成违规运用保险资金的违法行为，应当依法予以处罚，因此对当事人免于处罚的申辩意见不予采纳。但是，结合本案违法行为的性质和具体情节，对P资产、陈某适当从轻处罚：P资产未谨慎处理投资计划事务的行为，违反了《保险法》，构成违规运用保险资金的违法行为，依据《保险法》对P资产罚款10万元，对陈某警告并罚款1万元

续表

序号	处罚对象	违法行为	处罚内容
10	T人寿保险股份有限公司（T人寿）	（1）编制和提交虚假资料 一是报送虚假备案材料。2013年8月和2014年1月，T人寿先后报送《关于报送股票投资管理能力备案申请材料的报告》和《申请不动产投资管理能力备案的报告》，声称配备了相关专业投资人员。经查，其中多数人员从未与公司签订劳动合同，无薪资发放及考勤记录，实际也未在公司工作。二是以虚假发票套取资金。2013年12月、2014年4月相关会计凭证显示报销办公用品费、食品费，但实际所附发票记录的内容和事项虚假，交易事项未真实发生。 郭某对上述违法行为负有直接责任。 （2）违规运用保险资金 一是违规投资高风险信托产品。2013年11月，T人寿投资P财富集合资金信托计划，该产品存在结构复杂、非受托人自主管理等情况。二是投资信托产品的增信措施不符合监管规定。T人寿投资的S高新区开发投资集团应收账款收益权集合资金信托计划实际没有信用增级效力，Z城建信托贷款项目集合资金信托计划没有信用增级措施。三是超比例投资。T人寿投资的P财富集合资金信托计划、M空港贷款集合资金信托计划、S高新区开发投资集团应收账款收益权集合资金信托计划等产品的投资金额或者账面余额，均高于相关产品发行规模的20%。上述三项行为不符合《关于保险资金投资有关金融产品的通知》的有关规定。 韩某、郭某对上述第一项违法行为负有直接责任，高某对上述三项违法行为负有直接责任。 上述事实有现场检查事实确认书、股票和不动产投资能力备案材料、资产管理中心人员情况说明、集合资金信托计划的有关投资合同、财务会计凭证、相关人员询问笔录等证据证明，足以认定。 韩某、郭某提出了陈述申辩。韩某提出，其对违规投资高风险信托产品的行为并不知情，作为董事长虽有失察行为，但应负领导责任而非直接责任；此外，在发现问题后，其主动纠错，有立功表现，故请求减轻或免于处罚。郭某认为，将其认定为违法行为的直接责任人有误。 经复核，韩某作为董事长，对违规投资高风险信托产品的行为履行了审批职责，行使了相应的职权，违法事实清楚，证据确凿，依法应负直接责任。郭某作为公司总裁，全面主持公司经营管理工作，对股票、不动产投资管理能力备案过程中有关专业人员信息存在虚假记载的问题，其本人知情并签发了备案报告；对于利用虚假发票套取资金的问题，郭某在明知经济事项不真实的情况下，仍然批准了该项财务报销，应当承担主要责任。同时，对于违规投资高风险信托产品的行为，郭某批准了投资计划。因此，郭某对前述违法行为承担直接责任，违法事实清楚，证据确凿，依法应予处罚	对韩某、郭某的陈述申辩意见不予采纳，并决定作出如下处罚。 （1）T人寿编制和提交虚假资料的行为，违反了《保险法》，对T人寿罚款40万元，对郭某警告并罚款9万元。 （2）T人寿违规运用保险资金的行为，违反了《保险法》，对T人寿罚款10万元，对韩某警告并罚款1万元，对郭某警告并罚款1万元，对高某警告并罚款1万元

续表

序号	处罚对象	违法行为	处罚内容
11	R人寿保险股份有限公司（R人寿）	（1）违规运用保险资金 一是违规对外拆借资金。2011年12月至2013年11月，R人寿先后以设备预付款、投资项目款等多种名义变相对外拆借资金。向上海某通信科技有限公司支付资金12笔，先后分9笔收回出借款项，并收取相关利息。 时任董事长、总经理陈某，时任副总经理、财务负责人王某及风险信用部负责人胡某对上述违法行为负有直接责任。 二是违规开展不动产投资。2011年11月至2013年10月，R人寿先后与上海、浙江等6家房地产公司签署房地产买卖合同。上述投资项目未经专业机构出具评估报告，未经董事会或者股东会审议，部分所投项目未获得预售许可证、房产证，同时部分项目未按照规定报告，违反了《保险资金投资不动产暂行办法》的有关规定。 时任董事长、总经理陈某，时任副总经理、财务负责人王某对上述违法行为负有直接责任，时任副总经理、资产管理中心总经理万某对其任期内发生的上述部分违法行为负有直接责任。 三是违规开展股权投资。2012年11月，R人寿与某产业投资有限公司签订股权转让协议，受让该公司转让的3家企业股权。上述投资未经公司股东会或董事会审议，受让的企业股权不符合保险资金允许投资的企业股权范围，且未按照规定报告，违反了《保险资金投资股权暂行办法》的有关规定。 时任董事长陈某，时任副总经理、财务负责人王某对上述违法行为负有直接责任。 四是违规投资金融产品。2013年3月至2013年7月，R人寿购买C资产管理有限公司发行的Z金融投资专项资产管理计划、X证券股份有限公司发行的X证券季季增利纯债集合资产管理计划。上述投资系购买基金子公司、证券公司发行的金融产品，超出保险资金可投资金融产品的政策范围，违反了《关于保险资金投资有关金融产品的通知》的有关规定。 时任董事长陈某，时任副总经理、财务负责人王某对上述违法行为负有直接责任。	对R人寿、万某的陈述申辩意见不予采纳，决定作出如下处罚。 ①R人寿违规运用保险资金的行为违反了《保险法》，罚款30万元，限制不动产投资、股权投资、金融产品投资各1年；给予陈某禁止进入保险业1年的处罚，对王某警告并罚款10万元，对万某警告并罚款1万元，对胡某警告并罚款1万元。 ②R人寿虚增公司偿付能力的行为违反了《保险法》，罚款50万元；对陈某警告并罚款10万元，对王某警告并罚款10万元

续表

序号	处罚对象	违法行为	处罚内容
11	R人寿保险股份有限公司（R人寿）	（2）虚增公司偿付能力 2013年第二季度，R人寿在对人保－安心投资理财产品和Y银行财富债券投资理财产品的处理中，违规提高认可标准，虚增认可资产350万元，虚增偿付能力充足率1.4个百分点；对R-02信托资产违规采用100%的认可比例，虚增认可资产4,000万元，虚增偿付能力充足率16个百分点。 2013年第三季度，对R-02等6只信托资产违规使用95%的认可标准，虚增认可资产6,925万元，虚增偿付能力充足率43个百分点；对L投资产品违规采用100%的认可比例，虚增认可资产1,400万元，虚增偿付能力充足率5.6个百分点；同时，将L投资产品在"活期存款"科目列报，违反了企业会计准则和偿付能力报告编报规则的有关规定。 2013年6月30日，R人寿对相关股权转让款违规计提5,037万元利息收入。此项违规会计处理导致2013年第二、三季度偿付能力报告均虚增5,037万元认可资产，分别虚增偿付能力充足率20个百分点和31.3个百分点。 时任董事长、总经理陈某，时任副总经理、财务负责人王某对上述违法行为负有直接责任。 上述事实有现场检查事实确认书、相关会计凭证、借款协议、R人寿的相关情况说明、相关人员调查笔录及岗位职责等证据证明，足以认定。 R人寿、万某提出了陈述申辩。R人寿提出，对拟作出的其他行政处罚无异议，但请求免除限制该公司金融产品投资1年的处罚。万某提出，其不负责不动产投资，未参与决策和执行，不应对违规投资不动产承担直接责任。 经复核认为：R人寿违规投资金融产品的行为，事实清楚，证据充分，根据案件性质和违规情节，应当依法给予限制金融产品投资1年的处罚；案卷材料反映万某在违规投资不动产行为发生时担任公司副总经理、首席投资官，兼任资产管理中心总经理，其分管投资，并在投资付款单上签字，依法应当承担相应责任，考虑到万某在违规行为中所起的作用，对其依法从轻处罚	

续表

序号	处罚对象	违法行为	处罚内容
12	H人寿保险股份有限公司（H人寿）、姚某、李某、游某、程某、黄某、李某伟、孙某	（1）编制提供虚假资料 H人寿在就2015年11月增资活动提交的相关报告中，作出股东增资资金性质为自有资金等陈述。经查，相关增资资金情况与报告陈述不符。 时任董事长姚某对上述违法行为负有直接责任。 （2）违规运用保险资金 一是权益类投资比例超过总资产30%后投资非蓝筹股票。2015年和2016年，H人寿在权益类资产投资比例超过总资产30%后，投资了多只非蓝筹股。 时任副总经理兼财务负责人李某、时任资产管理中心总监游某、时任资产管理中心风险管理部总经理程某、时任资产管理中心权益投资部副总经理黄某对上述违法行为负有直接责任。 二是办理T+0结构性存款业务。2014年至2016年，H人寿在某银行办理T+0结构性存款业务。 时任副总经理兼财务负责人李某、时任资产管理中心总监游某、时任资产管理中心风险管理部总经理程某、时任资产管理中心固定收益部副总经理李某伟对上述违法行为负有直接责任。 三是股权投资基金管理人资质不符合监管要求。2015年至2016年，H人寿以间接投资股权的方式，认购深圳某产业基金企业（有限合伙）等多只基金份额，上述基金的管理人在注册资本、管理资产等方面未达到股权投资基金管理人资质要求。 时任副总经理兼财务负责人李某、时任资产管理中心总监游某、时任资产管理中心风险管理部总经理程某、时任资产管理中心副总监孙某对上述违法行为负有直接责任。 四是未按规定披露基金管理人资质情况。2015年至2016年，H人寿提交的相关产业基金、股权投资基金项目材料报告，未按规定披露基金管理人的资质情况。 时任副总经理兼财务负责人李某、时任资产管理中心总监游某、时任资产管理中心风险管理部总经理程某、时任资产管理中心副总监孙某对上述违法行为负有直接责任。 五是部分项目公司借款未提供担保。H人寿投资某文化金融中心项目、某度假酒店项目等项目，项目公司均向H人寿股东进行了借款，但未按照规定提供担保。 时任副总经理兼财务负责人李某、时任资产管理中心总监游某、时任资产管理中心风险管理部总经理程某、时任资产管理中心副总监孙某对上述违法行为负有直接责任	①H人寿编制提供虚假资料的行为违反了《保险法》，罚款50万元；给予姚某撤销任职资格并禁止进入保险业10年的处罚。 ②H人寿违规运用保险资金的行为违反了《保险法》及《保险资金运用管理暂行办法》等规定，根据《保险法》对H人寿罚款30万元；根据《保险法》对李某警告并罚款8万元，对游某警告并罚款8万元，对程某警告并罚款10万元，对李某伟警告并罚款10万元，对黄某警告并罚款10万元，对孙某警告并罚款10万元

第二章
保险资金运用——专项资产配置业务合规与风险控制

第一节　基础设施项目投资合规与风险控制

一、法规导航

① 《保险资金间接投资基础设施项目管理办法》；
② 《债权投资计划实施细则》；
③ 《关于保险资金投资政府和社会资本合作项目有关事项的通知》。

二、相关定义

保险资金间接投资基础设施项目，是指委托人将其保险资金委托给受托人，由受托人按委托人意愿以自己的名义设立投资计划，投资基础设施项目，为受益人利益或者特定目的进行管理或者处分的行为。

投资计划，是指各方当事人以合同形式约定权利义务关系，确定投资份额、金额、币种、期限或者投资退出方式、资金用途、收益支付和受益凭证转让等内容的金融工具。

债权投资计划，是指保险资产管理公司等专业管理机构作为受托人，面向委托人发行受益凭证，募集资金以债权方式投资基础设施项目，按照约定支付预期收益并兑付本金的金融产品。

保险资金投资 PPP 项目，是指保险资产管理公司等专业管理机构作为受托人，发起设立基础设施投资计划，面向保险机构等合格投资者发行受益凭证募集资金，向与政府方签订 PPP 项目合同的项目公司提供融资，投资符合规定的 PPP 项目。

三、投资计划的相关主体

投资计划主要参与主体为委托人、受托人、受益人、托管人、独立监督人，各方根据合同约定明确各自的权利和义务。

委托人，是指在中华人民共和国境内，经国家金融监督管理总局批准设立的保险公司、保险集团公司和保险控股公司以及其他具有风险识别和承受能力的合格投资者。

受托人，是指根据投资计划约定，按照委托人意愿，为受益人利益，以自己的名义投资基础设施项目的信托公司、保险资产管理公司、产业投资基金管理公司或者其他专业管理机构。

受托人与托管人、独立监督人、融资主体不得为同一人，且受托人与独立监督人、融资主体不得具有关联关系。

受益人，是指持有投资计划受益凭证、享有投资计划受益权的人。投资计划受益人可以是委托人。受益人可以兼任独立监督人。

托管人，是指根据投资计划约定，由委托人聘请，负责投资计划财产托管的商业银行或者其他专业金融机构。

独立监督人，是指根据投资计划约定，由受益人聘请，为维护受益人利益，对受托人管理投资计划和融资主体具体运营情况进行监督的专业管理机构。

独立监督人可由下列机构担任：

① 投资计划受益人；

② 最近一年国内评级在 AA 级以上的金融机构；

③ 国家有关部门已经颁发相关业务许可证的专业机构；
④ 国家金融监督管理总局认可的其他机构。

四、设立投资计划的基本要求

① 投资计划可以采取债权、股权、物权及其他可行方式投资基础设施项目。

② 投资计划采取债权方式投资基础设施项目的，应当具有明确的还款安排；采取股权、政府和社会资本合作模式投资基础设施项目的，应当选择收费定价机制透明、具有预期稳定现金流或者具有明确退出安排的项目。

③ 符合国家产业政策和有关政策。

④ 项目立项、开发、建设、运营等履行法定程序。

⑤ 融资主体最近两年无不良信用记录。

⑥ 国家金融监督管理总局规定的其他条件。

五、投资计划的形式要件

① 投资计划募集说明书。

② 委托人与受托人签订的受托合同，合同至少应当包括投资计划名称、管理方式、各方当事人权利义务、期限或者投资退出方式、金额、投资计划财产的收益分配和支付、管理费用和报酬、投资计划财产损失后的承担主体和承担方式、违约赔偿责任和纠纷解决方式等内容。

③ 委托人与托管人签订的托管合同。合同至少应当包括托管财产范围、投资计划财产的收益划拨、资金清算、会计核算及估值、费用计提、违约赔偿责任等内容。

④ 受托人与融资主体签订的投资合同或者相关协议。其至少应当明确投资金额、期限或者退出方式、资金用途及划拨方式、项目管理方式、运营管理、

违约赔偿责任等内容。

⑤ 受益人与独立监督人签订的监督合同。合同至少应当包括独立监督人的监督范围，超过限额的资金划拨确认以及资金划拨方式、项目管理运营、建设质量监督、违约赔偿责任等内容。

⑥ 受益人大会章程。

⑦ 投资计划具有信用增级安排的，应当包括信用增级的法律文件。

⑧ 国家金融监督管理总局规定的其他法律文书。

六、保险资金投资 PPP 项目

投资计划投资的，除满足有关规定外，还应当符合以下条件。

① 属于国家级或省级重点项目，已履行审批、核准、备案手续和 PPP 实施方案审查审批程序，并纳入国家发展改革委 PPP 项目库或财政部全国 PPP 综合信息平台项目库。

② 承担项目建设或运营管理责任的主要社会资本方为行业龙头企业，主体信用评级不低于 AA+，最近两年在境内市场公开发行过债券。

③ PPP 项目合同的签约政府方为地市级（含）以上政府或其授权的机构，PPP 项目合同中约定的财政支出责任已纳入年度财政预算和中期财政规划。所处区域金融环境和信用环境良好，政府负债水平较低。

④ 建立了合理的投资回报机制，预期能够产生持续、稳定的现金流，社会效益良好。

⑤ 投资计划可以采取债权、股权、股债结合等可行方式，投资一个或一组合格的 PPP 项目。

投资计划应当符合以下条件。

① 经专业律师出具专项法律意见，认定投资的 PPP 项目运作程序合规，相关 PPP 项目合同规范有效。

② 具有预期稳定现金流，可以覆盖投资计划的投资本金和合理收益，并设

定明确可行、合法合规的退出机制。

③ 投资协议明确约定，在投资计划存续期间主要社会资本方转让项目公司股权的，须取得投资计划受托人书面同意。

第二节　不动产投资合规与风险控制

一、法规导航

① 《保险资金投资不动产暂行办法》；
② 《关于保险资金投资股权和不动产有关问题的通知》；
③ 《关于加强信托公司房地产、证券业务监管有关问题的通知》；
④ 《关于加强和改进保险资金运用比例监管的通知》。

保险资金投资的不动产，是指土地、建筑物及其他附着于土地上的定着物。[①]

二、保险资金投资不动产的基本要求

① 已经取得国有土地使用权证和建设用地规划许可证的项目（"两证"，可以采用股权、债权方式投资）。

② 已经取得国有土地使用权证、建设用地规划许可证、建设工程规划许可证、施工许可证的在建项目（"四证"，可以采用股权、债权方式投资）。

③ 取得国有土地使用权证、建设用地规划许可证、建设工程规划许可证、施工许可证及预售许可证或者销售许可证的可转让项目（"五证"，可以采用股权、债权、物权方式投资）。

---

① 保险资金可以投资基础设施类不动产、非基础设施类不动产及不动产相关金融产品。

④ 取得产权证或者他项权证的项目（"一证"，可以采用股权、债权、物权等方式投资）。

⑤ 符合条件的政府土地储备项目（可以采用债权方式投资）。

三、保险资金投资不动产的其他限制条件

① 保险资金投资的不动产，应当产权清晰、无权属争议，相应权证齐全、合法有效；地处直辖市、省会城市或者计划单列市等具有明显区位优势的城市；管理权属相对集中，能够满足保险资产配置和风险控制要求。

② 不动产相关金融产品属于固定收益类的，应当具有国家金融监督管理总局认可的国内信用评级机构评定的 AA 级或者相当于 AA 级以上的长期信用级别，以及合法有效的信用增级安排；属于权益类的，应当建立相应的投资权益保护机制。

③ 保险资金采用债权、股权或者物权方式投资的不动产，仅限于商业不动产，办公不动产，与保险业务相关的养老、医疗、汽车服务等不动产及自用性不动产。

④ 保险资金投资医疗、汽车服务等不动产，只需取得国有土地使用权证和建设用地规划许可证且不受区位的限制。

⑤ 投资养老不动产、购置自用性不动产，不受上述条件及区位的限制；但投资必须遵守"专地专用"原则，不得变相炒地卖地，不得利用投资养老和自用性不动产（项目公司）的名义，以商业房地产的方式开发和销售住宅。投资养老、医疗、汽车服务等不动产，其配套建筑的投资额不得超过该项目投资总额的 30%。

⑥ 保险资金投资不动产，除政府土地储备项目外，可以采用债权转股权、债权转物权或者股权转物权等方式。投资方式发生变化的，应当按照《保险资金投资不动产暂行办法》的规定调整管理方式。保险资金以多种方式投资同一不动产的，应当分别遵守《保险资金投资不动产暂行办法》的规定。

⑦投资不动产的账面余额，不高于本公司上季度末总资产的10%；投资不动产相关金融产品的账面余额，不高于本公司上季度末总资产的3%；投资不动产及不动产相关金融产品的账面余额，合计不高于本公司上季度末总资产的10%。

⑧投资单一不动产投资计划的账面余额，不高于该计划发行规模的50%；投资其他不动产相关金融产品的，不高于该产品发行规模的20%。

⑨保险资金投资不动产，应当合理安排持有不动产的方式、种类和期限。以债权、股权、物权方式投资的不动产，其剩余土地使用年限不得低于15年，且自投资协议签署之日起5年内不得转让。保险公司内部转让自用性不动产，或者委托投资机构以所持有的不动产为基础资产发起设立或者发行不动产相关金融产品的除外。

四、保险资金投资不动产相关金融产品的其他限制

①经国家有关部门认可，在中华人民共和国境内发起设立或者发行，由专业团队负责管理。

②基础资产或者投资的不动产位于中华人民共和国境内。

③实行资产托管制度，建立风险隔离机制。

④具有明确的投资目标、投资方案、后续管理规划、收益分配制度、流动性及清算安排。

⑤交易结构清晰，风险提示充分，信息披露真实完整。

⑥具有登记或者簿记安排，能够满足市场交易或者协议转让需要。

⑦国家金融监督管理总局规定的其他审慎性条件。

五、保险资金投资不动产的负面清单

①提供无担保债权融资。

② 以所投资的不动产提供抵押担保。

③ 投资开发或者销售商业住宅。

④ 直接从事房地产开发建设（包括一级土地开发）。

⑤ 投资设立房地产开发公司，或者投资未上市房地产企业股权（项目公司除外），或者以投资股票方式控股房地产企业。已投资设立或者已控股房地产企业的，应当限期撤销或者转让退出。

⑥ 运用借贷、发债、回购、拆借等方式筹措的资金投资不动产，国家金融监督管理总局对发债另有规定的除外。

⑦ 违反《保险资金投资不动产暂行办法》规定的投资比例。

⑧ 法律法规和国家金融监督管理总局禁止的其他行为。

六、保险资金投资不动产的风险控制

① 保险资金投资不动产应当履行经营管理层、董事会、股东（大）会决策程序（按照公司章程执行）。

② 保险资金投资不动产，经营管理层、董事会、股东（大）会不得采用非现场表决方式。

③ 聘请专业机构出具尽职调查报告和法律意见书。

④ 保险资金以股权方式投资不动产，拟投资的项目公司应当为不动产的直接所有权人，且该不动产为项目公司的主要资产。项目公司应当无重大法律诉讼，且股权未因不动产的抵押设限等落空或者受损。

⑤ 以股权方式投资不动产，应当向项目公司派驻董事、高级管理人员及关键岗位人员，并对项目公司的股权转让、资产出售、担保抵押、资金融通等重大事项发表意见，维护各项合法权益。

⑥ 保险资金以债权方式投资不动产，应当在合同中载明还款来源及方式、担保方式及利率水平、提前或者延迟还款处置等内容。债务人应当具有良好的财务能力和偿债能力，无重大违法违规行为和不良信用记录。

⑦ 保险资金以物权方式投资不动产，应当及时完成不动产物权的设立、限制、变更和注销等权属登记，防止因漏登、错登造成权属争议或者法律风险。对权证手续设限的不动产，应当通过书面合同约定解限条件、操作程序、合同对价支付方式等事项，防范和控制交易风险。

⑧ 保险资金投资不动产相关金融产品，应当对该产品的合法合规性、基础资产的可靠性和充分性，及投资策略和投资方案的可行性进行尽职调查和分析评估。持有产品期间，应当要求投资机构按照投资合同或者募集说明书的约定，严格履行职责，有效防范风险，维护投资人权益。

第三节　股权投资合规与风险控制

一、法规导航

① 《保险资金投资股权管理办法》（征求意见稿）；
② 《关于保险资金投资股权和不动产有关问题的通知》；
③ 《国务院关于加快发展现代保险服务业的若干意见》；
④ 《关于保险资金投资创业投资基金有关事项的通知》；
⑤ 《关于设立保险私募基金有关事项的通知》；
⑥ 《关于保险资金财务性股权投资有关事项的通知》；
⑦ 《关于金融资产投资公司开展资产管理业务有关事项的通知》；
⑧ 《关于保险资金投资有关金融产品的通知》。

二、股权投资计划的相关规定

（一）股权投资

股权投资计划，是指保险资产管理机构作为管理人发起设立，向合格机构投资者募集资金，通过直接或间接方式主要投资于未上市企业股权的保险资产管理产品。

1. 投资范围

股权投资计划可以投资以下资产。

① 未上市企业股权。

② 私募股权投资基金、创业投资基金。

③ 上市公司定向增发、大宗交易、协议转让的股票，以及可转换为普通股的优先股、可转换债券。

④ 国家金融监督管理总局认可的其他资产。

保险资金投资的股权投资计划，其投资运作还应当符合保险资金运用的相关规定。

2. 投资限制

股权投资计划基金投资配置限制如下。

① 股权投资计划投资基金的，基金的分级比例（优先级份额/劣后级份额，中间级份额计入优先级份额）不得超过1∶1。

② 股权投资计划所投金额不得超过该基金当前实际募集金额的80%。

③ 股权投资计划投资于未上市企业股权等权益类资产的比例不低于80%。

④ 股权投资计划不得投资劣后级基金份额。

⑤ 分级股权投资计划不得投资分级的基金。

⑥ 保险资产管理机构应当加强股权投资计划的后续管理，通过关键岗位人员委派、制度安排、合同约定、交易结构设计等多种方式维护投资者合法权益。

3. 禁止行为

股权投资计划各方当事人不得存在以下情形。

① 保险资金通过股权投资计划对未上市企业实施控制。

② 通过关联交易、股东代持、虚假出资、不公平交易等手段进行利益输送。

③ 保险资产管理机构让渡主动管理职责，直接或变相开展通道业务。

④ 保险资产管理机构采取各种方式承诺保障本金和投资收益，包括设置明确的预期回报且定期向投资者支付固定投资回报、约定到期由被投资企业或关联第三方赎回投资本金等。

⑤ 股权投资计划投资的私募股权投资基金违反《关于规范金融机构资产管理业务的指导意见》一层嵌套的有关规定，法律法规和金融管理部门另有规定的除外。

⑥ 法律、行政法规以及国家金融监督管理总局规定禁止的其他情形。

（二）财务性股权投资

财务性股权投资是指保险集团（控股）公司、保险公司和保险资产管理公司以出资人名义投资并持有未上市企业股权，且按照企业会计准则的相关规定，保险机构及其关联方对该企业不构成控制或共同控制的直接股权投资行为。

1. 投资范围

根据《保险资金投资股权暂行办法》《关于保险资金财务性股权投资有关事项的通知》，保险资金财务性股权投资通过"负面清单+正面引导"机制予以规范，不再限制行业，提升保险资金服务实体经济能力。保险资金开展财务性股权投资，可在符合安全性、流动性和收益性的条件下，综合考虑偿付能力、风险偏好、投资预算、资产负债等因素，依法依规自主选择投资企业的行业范围。

2. 投资标的要求

根据《关于保险资金财务性股权投资有关事项的通知》，保险资金开展财务性股权投资，所投资的标的企业应当满足以下条件。

① 依法登记设立且具有法人资格。

② 满足以下条件之一：所属产业应当处于成长期、成熟期；所属产业为战略性新兴产业；所属产业具有明确的上市意向及较高的并购价值。

3. 负面清单

保险资金开展财务性股权投资，所投资的标的企业不得存在以下情形。

① 不具有稳定现金流回报预期和确定的分红制度，或者不具有市场、技术、资源、竞争优势和资产增值价值。

② 最近三年发生重大违约事件。

③ 面临或出现核心管理及业务人员大量流失、目标市场或者核心业务竞争力丧失等重大不利变化。

④ 控股股东或高级管理人员最近三年受到行政或监管机构重大处罚，或者被纳入失信被执行人名单。

⑤ 涉及巨额民事赔偿、重大法律纠纷，或者股权权属存在严重法律瑕疵或重大风险隐患，可能导致权属争议、权限落空或受损。

⑥ 与保险机构聘请的投资咨询、法律服务、财务审计和资产评估等专业服务机构存在关联关系。

⑦ 所属行业或领域不符合宏观政策导向及宏观政策调控方向，或者被列为产业政策禁止准入、限制投资类名单，或者对保险机构构成潜在声誉风险。

⑧ 高污染、高耗能、未达到国家节能和环保标准、产能过剩、技术附加值较低。

⑨ 直接从事房地产开发建设，包括开发或者销售商业住宅。

⑩ 国家金融监督管理总局规定的其他审慎性条件。

4. 资金来源

根据《关于保险资金财务性股权投资有关事项的通知》的规定，保险机构可以以自有资金及与投资资产期限相匹配的责任准备金进行财务性股权投资。其中自有资金主要有保险机构本级实收资本、资本公积、盈余公积、未分配利润、其他自有资金。

（三）债转股投资

1. 相关法律规定

根据《关于金融资产投资公司开展资产管理业务有关事项的通知》，金融资产管理公司、保险资产管理机构、国有资本投资运营公司等各类市场化债转股实施机构和符合《关于鼓励相关机构参与市场化债转股的通知》规定的各类相关机构，可以在依法合规的前提下使用自有资金、合法筹集或管理的专项用于市场化债转股的资金投资债转股投资计划。

债转股投资计划应当主要投资于市场化债转股资产，包括以实现市场化债转股为目的的债权、可转换债券、债转股专项债券、普通股、优先股、债转优先股等资产。

根据《关于保险资金投资有关金融产品的通知》，金融产品是指商业银行或理财公司、信托公司、金融资产投资公司、证券公司、证券资产管理公司、证券投资基金管理公司等金融机构依法发行的资产管理产品和资产证券化产品，包括理财产品、集合资金信托、债转股投资计划、信贷资产支持证券、资产支持专项计划、单一资产管理计划和国家金融监督管理总局认可的其他产品。

2. 投资条件

根据《关于保险资金投资有关金融产品的通知》，投资须满足以下条件。

① 保险机构具备股权投资管理能力或股权投资计划产品管理能力。

② 债转股投资计划的投资范围限于市场化债转股资产、合同约定的存款（包括大额存单）、标准化债权类资产等国家金融监督管理总局认可的资产。

3. 分类管理

根据《关于保险资金投资有关金融产品的通知》，债转股投资计划纳入其他金融资产投资比例管理。其中，投资权益类资产比例不低于80%的债转股投资计划，应当同时纳入权益类资产投资比例管理。

4. 比例限制

根据《关于保险资金投资有关金融产品的通知》，保险机构投资同一债转股投资计划的金额不得高于该产品规模的50%；保险机构及其关联方投资同一债转股投资计划的金额合计不得高于该产品规模的80%。

三、保险资金投资股权的分类

这里的"股权"是指在中华人民共和国境内依法设立和注册登记，且未在中华人民共和国境内证券交易所公开上市的股份有限公司和有限责任公司的股权。保险资金投资股权的分类如下。

① 直接投资企业股权，指保险公司［含保险集团（控股）公司］以出资人名义投资并持有企业股权的行为。

② 间接投资企业股权，指保险公司投资股权投资管理机构发起设立的股权投资基金等相关金融产品的行为。

③ 一般股权投资，指对拟投资的企业不实施控制的投资行为。

④ 重大股权投资，指对拟投资的企业实施控制的投资行为。

四、保险资金投资股权资格要求

① 具有完善的公司治理、管理制度、决策流程和内控机制。

② 具有清晰的发展战略和市场定位，开展重大股权投资的，应当具有较强的并购整合能力和跨业管理能力。

③ 建立资产托管机制，资产运作规范透明。

④ 资产管理部门拥有不少于 5 名具有 3 年以上股权投资和相关经验的专业人员，投资团队已完成退出项目不少于 3 个。开展重大股权投资的，应当拥有熟悉企业经营管理的专业人员。

⑤ 成立时间一年以上，上季度末综合偿付能力充足率不低于 120%。

⑥ 净资产不低于 1 亿元。

⑦ 最近三年未发现重大违法违规行为。

⑧ 国家金融监督管理总局规定的其他审慎性条件。

间接投资股权，除符合①③⑤⑥⑦⑧项规定外，资产管理部门还应当配备不少于 2 名具有 3 年以上股权投资和相关经验的专职人员。

符合规定的保险集团（控股）公司及其保险子公司投资股权，可以整合相关资源，在集团内部的保险机构建立股权投资专业团队，由该专业团队为保险集团（控股）及其保险子公司提供咨询服务和技术支持。

保险公司投资保险类企业股权，可不受②④项的限制。

五、保险资金股权投资标的合规标准

保险资金股权投资标的股权基本规范及禁止投资规范详见表2-1。

表2-1 标的股权基本规范及禁止投资规范

标的股权基本规范	禁止投资规范
依法登记设立，具有法人资格	①所处行业或领域不符合宏观政策导向及宏观政策调控方向，或者属于产业政策禁止准入、限制投资类的行业与领域，或者可能对公司声誉造成不良影响的行业与领域
符合国家产业政策，具备国家有关部门规定的资质条件	②高污染、高耗能或产能过剩、技术附加值较低、未达到国家节能和环保标准
股东及高级管理人员诚信记录和商业信誉良好	③不具有稳定现金流回报预期或者资产增值价值
产业处于成长期、成熟期或者是战略新兴产业，或者具有明确的上市意向及较高的并购价值	④面临或出现核心管理及业务人员大量流失、目标市场或者核心业务竞争力丧失等重大不利变化
具有市场、技术、资源、竞争优势和价值提升空间，预期能够产生良好的现金回报，并有确定的分红制度	⑤涉及巨额民事赔偿、重大法律纠纷，或者权属存在严重法律瑕疵或重大风险隐患，可能导致权属争议、权限落空或受损
管理团队的专业知识、行业经验和管理能力与其履行的职责相适应	⑥最近三年发生重大违约事件
未涉及重大法律纠纷，资产产权完整清晰，股权或者所有权不存在法律瑕疵	⑦最近三年其控股股东或高级管理人员受到行政或监管机构重大处罚，或者其高级管理人员被纳入失信被执行人名单
与投资机构和专业机构不存在关联关系	⑧国家金融监督管理总局规定的其他审慎性条件
国家金融监督管理总局规定的其他审慎性条件	保险资金投资市场化、法治化债转股项目的，可不受第③至⑦项的限制

六、保险资金股权投资基本规范

① 重大股权投资，应当运用自有资金。

② 一般股权投资，可以运用自有资金或者与投资资产相匹配的责任准备金。保险公司与标的企业及其股东存在关联关系的，应当运用自有资金。

③ 间接投资股权，可以运用资本金和保险产品的责任准备金。人寿保险公司运用万能、分红和投资连结保险产品的资金，财产保险公司运用非寿险非预定收益投资型保险产品的资金，应当满足产品特性和投资方案的要求。

④ 不得运用借贷、发债、回购、拆借等方式筹措的资金投资企业股权，国家金融监督管理总局对发债另有规定的除外。

⑤ 不得采用非现场方式表决，不得委托投资机构或其他机构开展投资。

⑥ 不得采取虚假合同等方式，或者通过关联交易损害保险公司和投保人利益。

⑦ 不得通过股权投资基金向保险机构和关联方循环出资。

⑧ 国家金融监督管理总局基于审慎监管规定的其他情形。

保险资金投资企业股权，应当建立有效的退出机制。退出方式包括但不限于企业股权的上市、回购、协议转让及股权投资基金份额的买卖或者清算等。

保险资金投资企业股权，可以采取债权转股权的方式进入，也可以采取股权转债权的方式退出。

七、保险资金投资企业股权比例规范

① 除重大股权投资外，投资同一企业股权的账面余额，不超过本公司净资产的30%。

② 投资同一股权投资基金的账面余额，不超过该基金发行规模的30%；保险集团（控股）及其保险子公司投资同一股权投资基金的账面余额，不超过该基金发行规模的60%。

八、保险资金开展重大股权投资负面清单

① 与非保险实际控制人共同投资；
② 与存在关联关系的非保险股东及关联方共同投资；
③ 通过合同约定、协议安排等方式与非保险投资人共同投资。

九、保险资金投资股权决策机制

保险公司投资企业股权，应当按照监管规定和内控要求，规范完善决策程序和授权机制，确定股东（大）会和董事会的决策权限及批准权限。根据偿付能力、投资管理能力及投资方式、目标和规模等因素，做好相关制度安排。决策层和执行层应当各司其职、谨慎决策、勤勉尽责，充分考虑股权投资风险，按照资产认可标准和资本约束要求，审慎评估股权投资对偿付能力和收益水平的影响，严格履行内部程序，并对决策和操作行为负责。保险资金追加同一企业股权投资的，按照法律规定履行相应程序。

保险资金投资股权涉及关联关系的，其投资决策和具体执行过程应当按照关联交易的规定，采取有效措施，防范操作风险和道德风险，防止股东、董事、监事、高级管理人员及其他关联方利用其特殊地位，通过关联交易或者其他方式侵害保险公司和被保险人利益，不得进行内幕交易、利益输送及其他不正当交易。保险公司董事、监事、高级管理人员和相关投资人员，不得以个人名义或假借他人名义参与此项投资。

保险资金直接投资股权，应当聘请专业机构，提供尽职调查、投资咨询及法律咨询等专业服务。

保险资金间接投资股权，应当对投资机构的投资管理能力及其发行的股权投资基金进行评估。保险公司应当要求投资机构提供股权投资基金募集说明书等文件，或者依据协议约定，提供有关论证报告或者尽职调查报告。

保险资金开展重大股权投资，应当通过任命或者委派董事、监事、经营

管理层或者关键岗位人选，确保对企业的控股权或者控制力，维护投资决策和经营管理的有效性；一般股权投资，应当通过对制度安排、合同约定、交易结构、交易流程的参与和影响，维护保险当事人的知情权、收益权等各项合法权益。

保险资金开展间接投资股权，应当与投资机构签订投资合同或者协议，载明管理费率、业绩报酬、管理团队关键人员变动、投资机构撤换、利益冲突处理、异常情况处置等事项；还应当与股权投资基金其他投资人交流信息，分析所投基金和基金行业的相关报告，比较不同投资机构的管理状况，通过与投资机构沟通交流及考察股权投资基金所投资企业等方式，监督股权投资基金的投资行为。

股权投资基金采取公司型的，应当建立独立董事制度，完善治理结构；采取契约型的，应当建立受益人大会；采取合伙型的，应当建立投资顾问委员会。间接投资股权，可以要求投资机构按照约定比例跟进投资，并在投资合同或者发起设立协议中载明。

《保险资金投资股权暂行办法》第二十条规定："保险公司投资企业股权，应当加强投资期内投资项目的后续管理，建立资产增值和风险控制为主导的全程管理制度。除执行本办法第十九条规定外，还应当采取下列措施：

"（一）重大股权投资的，应当规划和发展企业协同效应，改善企业经营管理，防范经营和投资风险；选聘熟悉行业运作、财务管理、资本市场等领域的专业人员，参与和指导企业经营管理，采取完善治理、整合资源、重组债务、优化股权、推动上市等综合措施，提升企业价值；

"（二）其他直接投资股权的，应当指定专人管理每个投资项目，负责与企业管理团队沟通，审查企业财务和运营业绩，要求所投企业定期报告经营管理情况，掌握运营过程和重大决策事项，撰写分析报告并提出建议，必要时可聘请专业机构对所投企业进行财务审计或者尽职调查；

"（三）间接投资股权的，应当要求投资机构采取不限于本条规定的措施，提升企业价值，实现收益最大化目标。"

保险资金投资企业股权，应当依据市场原则，协商确定投资管理费率和业绩报酬水平，并在投资合同中载明。投资机构应当综合考虑资产质量、投资风险与收益等因素，确定投资管理费率，兑现业绩报酬水平，倡导正向激励和引导，防范逆向选择和道德风险。

保险资金直接投资企业股权，应当聘请专业机构，采用两种以上国际通用的估值方法，按年度持续对所投股权资产进行估值和压力测试，得出审慎合理的估值结果，并向国家金融监督管理总局报告。估值方法包括但不限于基于资产的账面价值法、重置成本法、市场比较法、现金流量折现法以及倍数法等。

附：保险公司直接投资股权报告（申请）要件及要点

一、书面报告（申请）

为公司正式发文，其中重大股权投资为申请，其他股权投资为报告。报告（申请）事项应当清晰完整，包括投资方案、资金来源、投资金额和比例、关联交易、合规情况和决策程序等，并说明投资协议签署时点。

二、决策文件及承诺书

开展重大股权投资，应当提供股东（大）会或董事会决议；其他股权投资，应当提供董事会或者授权机构决议。决议应当事项和内容清晰，结论明确，必要时还应附上会议纪要或相关记录。

公司应当承诺报送材料真实、准确、完整，不存在任何虚假记载、误导性陈述或重大遗漏。承诺函应当由公司法定代表人或其授权代表签字，并加盖公司公章。

三、内部文件

包括可行性研究报告、合规报告、关联交易说明、后续管理方案和法律意见书等。

可行性研究报告除必备的分析论证要素外，还应当结合公司业务发展战略或规划，提供未来一年偿付能力预测和股权投资压力测试。合规报告由公司合规部门提供，并由公司合规责任人签署，全面评估投资业务的合法合规性，包括但不限于保险公司投资能力、投资时财务状况、资金来源、投资方式和投资比例、投资标的和关联交易合规性等。法律意见书由公司法律部门提供,并由公司法律事务负责人签署,法律意见应当明确。

开展重大股权投资的,还应当提供主营业务规划、投资规模、业务相关度说明及有关监管部门审核或者主管机关认可的股东资格说明;在可行性研究报告中说明保险公司并购整合能力和跨业管理能力,及熟悉企业经营管理的专业人员配备情况;在后续管理方案中提供后续管理规划及业务整合方案。

四、合同文本

应当为正本,包括投资合同(协议)和托管合同。开展重大股权投资的,投资合同(协议)应当特别注明经有关监管机构或主管部门核准后生效的条款,及任命或者委派董事、监事、经营管理层或者关键岗位人选的条款。

五、专业机构出具的文件

应当由具有相应资质的专业机构提供,由专业机构相关责任人签字,并加盖机构公章,包括专业机构资质说明、尽职调查报告、财务顾问(投资咨询)报告、法律意见书、审计和偿付能力报告。其中,专业机构资质说明应当提供相关证明文件;尽职调查报告、财务顾问(投资咨询)报告、法律意见书、审计和偿付能力报告应当客观公正,结论明确。专业机构为非保险机构的,还应当出具承诺书,承诺接受国家金融监督管理总局涉及保险资金投资的质询,并报告有关情况。

十、保险资金投资私募股权投资基金(PE)、母基金(FOFs)、夹层基金

(一)保险资金投资私募股权投资基金(PE)、母基金(FOFs)、夹层基金相关法律规定

1.《国务院关于加快发展现代保险服务业的若干意见》(国发〔2014〕29号)

鼓励设立不动产、基础设施、养老等专业保险资产管理机构,允许专业保

险资产管理机构设立夹层基金、并购基金、不动产基金等私募基金。稳步推进保险公司设立基金管理公司试点。探索保险机构投资、发起资产证券化产品。探索发展债券信用保险。积极培育另类投资市场。

2.《国务院关于中国保险投资基金设立方案的批复》（国函〔2015〕104号）

基金投资形式主要包括上市和非上市股权、优先股、债权、资产证券化产品，以及股权基金、并购基金、夹层基金等各类投资基金。

3.《关于保险资金投资股权和不动产有关问题的通知》

保险资金投资的股权投资基金包括成长基金、并购基金、新兴战略产业基金和以上股权投资基金为投资标的的母基金。其中，并购基金的投资标的，可以包括公开上市交易的股票，但仅限于采取战略投资、定向增发、大宗交易等非交易过户方式，且投资规模不高于该基金资产余额的20%。新兴战略产业基金的投资标的，可以包括金融服务企业股权、养老企业股权、医疗企业股权、现代农业企业股权以及投资建设和管理运营公共租赁住房或者廉租住房的企业股权。母基金的交易结构应当简单明晰，不得包括其他母基金。

4.《关于保险资金投资创业投资基金有关事项的通知》

保险资金可以通过投资其他股权投资基金间接投资创业企业，或者通过投资股权投资母基金间接投资创业投资基金。

5.《关于设立保险私募基金有关事项的通知》

保险资金可以设立私募基金，范围包括成长基金、并购基金、新兴战略产业基金、夹层基金、不动产基金、创业投资基金和以上述基金为主要投资对象的母基金。

6.《保险资金境外投资管理暂行办法实施细则》

保险资金可以投资以符合规定的股权投资基金为标的的母基金。母基金的交易结构应当简单明晰，不得包括其他母基金。

（二）保险资金投资股权投资基金规范

保险公司投资股权投资基金，该股权投资基金的投资机构，应当完成私募股权基金管理人登记并符合下列条件。

① 具有完善的公司治理、管理制度、决策流程和内控机制。

② 注册资本或者认缴资本不低于 1 亿元，并已建立风险准备金制度。

③ 投资管理适用中国法律法规及有关政策规定。

④ 具有稳定的管理团队，拥有不少于 10 名具有股权投资和相关经验的专业人员，作为主导人员合计退出的项目不少于 3 个。其中具有 5 年以上相关经验的不少于 2 名，具有 3 年以上相关经验的不少于 3 名，且高级管理人员中，具有 8 年以上相关经验的不少于 1 名。拥有 3 名以上熟悉企业运营、财务管理、项目融资的专业人员。

⑤ 具有健全的项目储备制度、资产托管和风险隔离机制。

⑥ 建立科学的激励约束机制和跟进投资机制，并得到有效执行。

⑦ 接受国家金融监督管理总局涉及保险资金投资的质询，并报告有关情况。

⑧ 最近三年未发现投资机构及主要人员存在重大违法违规行为。

保险资金投资的股权投资基金，包括创业投资基金、股权投资基金和以上述基金为投资标的的母基金。其中，股权投资基金为并购基金的，可以包括公开上市交易的股票，但仅限于采取战略投资、定向增发、大宗交易等非交易过户方式，且投资规模不高于该基金资产余额的 20%。母基金的交易结构应当简单明晰，不得包括其他母基金。

保险资金投资市场化、法治化债转股类投资基金，条件放宽。

（三）保险资金投资母基金的基本要求

保险资金投资母基金是投资成长基金、并购基金、新兴战略产业基金、夹层基金、不动产基金、创业投资基金等为投资标的的基金。

母基金的交易结构应当简单明晰，不得包括其他母基金。

母基金交易结构简单，是指保险资金投资母基金的，母基金不得再投资母基金。

（四）保险资金投资夹层基金

夹层基金是一种介于债权投资和股权投资之间的结构化基金。典型的夹层基金融资结构分为三层，即银行等低成本资金所构成的优先层、融资方股东资金所构成的劣后层，以及夹层资金所构成的中间层。

夹层基金的风险收益特征非常适合保险公司、商业银行、投资银行、养老基金、对冲基金等各类机构投资者进行投资。

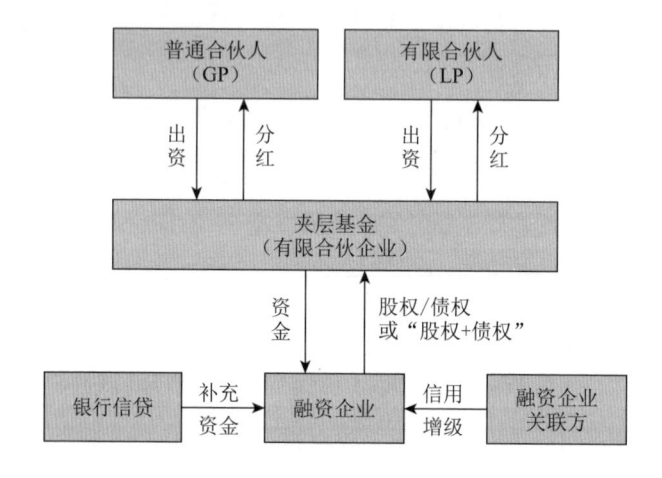

1. 夹层基金的基本架构

夹层基金的基本架构如图 2-1 所示。

图 2-1 夹层基金的基本架构

夹层基金是介于债务融资和股权融资之间的投资工具，如图 2-2 所示。

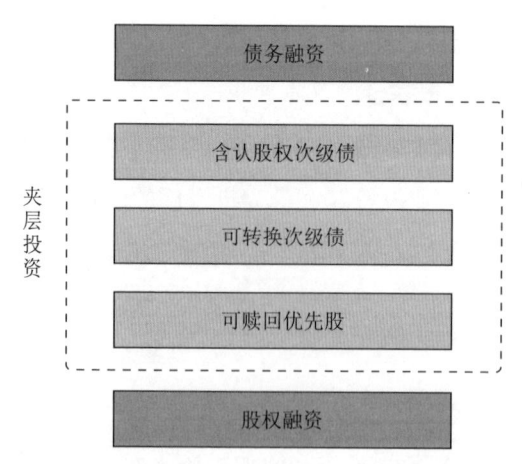

图 2-2 夹层基金介于债务融资和股权融资之间

2. 夹层基金的优势（如图2-3所示）

收益	源于现金利息、资本溢价和分红以及融资主体提前还款的溢价，具有可预测、稳定的现金流入
成本	高于银行贷款等优先债务，低于股权融资
风险	通过限制性条款和保证条款约束企业行为，风险适中
控制权	减少对企业股权的稀释，保持管理层对企业的控制权
用途	应用于杠杆收购融资、企业并购融资、扩张融资、债务重组、资本结构调整和再融资

图2-3 夹层基金的优势

（1）夹层基金退出途径更为灵活

夹层基金的债务构成中通常会包含一个预先确定好的还款时间表，可以在一段时间内分期偿还债务，也可以一次还清，还款模式将取决于夹层基金投资的目标公司的现金流状况。

（2）夹层基金流动性较好

与非结构化的私募股权基金相比，夹层基金的回报中有很大一部分来自前端费用和定期的票息或利息收入，这一特性使夹层投资比传统的私有股权投资更具流动性。

3. 夹层基金的投资领域

投资夹层基金的LP主要是资金雄厚的保险公司、商业银行、投资银行、养老基金、对冲基金。因此，夹层基金投资领域主要是产业投资和房地产、重组并购、基础设施、上市公司股权质押等资产规模较大或者资产流动性较好的新兴产业领域。

附：保险公司投资股权基金报告要件及要点

一、书面报告

为公司正式发文，报告事项应当清晰完整，包括投资方案、资金来源、投资金额和比例、关联交易、合规情况、决策程序及报告时限等。

二、决策文件及承诺书

提供董事会或者授权机构的投资决议。决议应当事项和内容清晰、结论明确，必要时还应附上会议纪要或相关记录。

公司应当承诺报送材料真实、准确、完整，不存在任何虚假记载、误导性陈述或重大遗漏。承诺函应当由公司法定代表人或其授权代表签字，并加盖公司公章。

三、内部文件

包括尽职调查报告、可行性研究报告、合规报告、关联交易说明、后续管理方案和法律意见书。

尽职调查报告应当包括对投资机构投资管理能力及其发起设立股权基金的评估。合规评估报告由公司合规部门提供，并由合规责任人签署，全面评估投资业务的合法合规性，包括但不限于保险公司投资能力、资金来源和投资比例、投资机构和股权基金、关联交易合规性等。法律意见书由公司法律部门提供，并由公司法律事务负责人签署，法律意见应当明确。

保险公司可以自行出具或聘请具备资质的专业机构出具尽职调查报告，保险公司对报告负最终责任。

四、合同文本

应当为正本，包括投资合同（协议）（认购协议/发起设立协议）和托管合同。

五、投资机构出具的文件

包括投资机构资质说明、募集说明书（或依据协议约定提供有关论证报告或尽职调查报告）和承诺书。

其中，投资机构资质说明应当提供相关证明文件，由投资机构法定代表人或其授权代表签字，并加盖机构公章。募集说明书（或依据协议约定提供有关论证报告或尽职调查报告）应当为正本，充分提示风险，真实完整披露有关信息，至少包括：①投资方向或投资标的，拟募集基金规模；②投资目标、投资方案、投资策略、投资标准、投资流程、后续管理、收益分配和清算及退出安排；③交易结构、投资管理方式、风险收益预测和托管安排等。承诺书由投资机构法定代表人或其授权代表签字，并加盖机构公章，承诺：①接受国家金融监督管理总局涉及保险资金投资的质询，并报告有关情况；②保险资金投资期间，该股权基金投资方向和投资标的始终符合有关监管规定。

六、专业机构出具的文件

应当由具有相应资质的专业机构提供，由专业机构相关责任人签字，并加盖机构公章，包括专业机构资质说明、法律意见书和承诺书。保险公司还可根据需要，聘请专业机构出具财务顾问（投资咨询）报告。专业机构资质说明应当提供相关证明文件；法律意见书和财务顾问（投资咨询）报告应当客观公正，结论明确且相互独立；承诺书应当承诺接受国家金融监督管理总局涉及保险资金投资的质询，并报告有关情况。

十一、"名股实债"的合规性

"名股实债"主要是信托公司和资产管理公司、私募基金等金融机构在房地产领域使用较多的一种投资方式，其基本结构是资金方以增资的方式成为项目公司股东，但是通过一系列协议约定固定的分红、利息、回购事项，最终通过分红和回购实现收益。

"名股实债"的本质是投资方控制法律风险的一种投资设计。但是，一旦项目公司在经营上资不抵债，进入破产程序，投资方能否作为债权人申报债权在司法实践中存在重大的不确定性。

【案例导航】X 信托公司与 H 置业破产债权确认纠纷

1. 案情简介

2011 年 6 月 21 日，X 信托股份有限公司（以下简称"X 信托"）与 H 置业有限公司（以下简称"H 置业"）、纪某、丁某签订了合作协议，协议约定：由 X 信托募集 2 亿～2.5 亿元资金，其中 14,400 万元用于受让纪某和丁某的股份，其余全部增入 H 置业的资本公积金，股份转让后，X 信托将持有 H 置业 80% 的股份。

2011 年 9 月，X 信托如期向 H 置业汇入资金，并向 H 置业选派了 2 名董事，X 信托依法持有了 H 置业 80% 的股权，并逐步深入对 H 置业的控制经营。

法院于 2015 年 8 月 4 日裁定受理被告 H 置业破产清算纠纷一案，后指定浙江 JH 律师事务所为破产管理人。X 信托在法定债权申报期限内向管理人申报了债权，并于 2015 年 12 月 24 日收到管理人作出的债权审查通知书，告知不予确认 X 信托申报的债权，后 X 信托提出债权审查异议，管理人经复审作出维持不予确认的审查意见，故 X 信托向法院提起诉讼。

2. 裁判要点

法院认为："纪某、丁某、H 置业与 X 信托签订的合作协议及纪某、丁某分别与 X 信托签订的股权转让协议系各方真实意思的表示，合法有效，受法律保护。嗣后各方均已按约履行，且 X 信托作为股东已进行了 H 置业公司股东名册记载、公司登记机关登记，对外具有公示效力。现原告 X 信托提出其是'名股实债'，同时提出股权受让系让与担保的措施的主张，并据此提交了 H 置业原股东会决议，拟证明 H 置业有向 X 信托融资的意向。在名实股东的问题上要区分内部关系和外部关系，对内部关系产生的股权权益争议纠纷，可以以当事人之间的约定为依据，或是隐名股东，或是'名股实债'；而对外部关系，不适用内部约定，按照《公司法》（2013 年修正）第三十二条第三款'公司应当将股东的姓名或者名称向公司登记机关登记；登记事项发生变更的,应当办理变更登记。未经登记或者变更登记的,不得对抗第三人'之规定,第三人不受当事人之间的内部约定约束,而是以当事人之间对外的公示为信赖依据。本案不是一般的借款合同纠纷或股权转让纠纷,而是H置业破产清算案衍生的诉讼,本案的处理结果涉及H置业破产清算案的所有债权人的利益,应适用公司的外观主义原则,即H置业所有债权人实际(相对于本案双方当事人而言)均系第三人,对H置业公司的股东名册记载、管理机关登记所公示的内容,即X信托为持有H置业80%股份的股东身份,H置业之外的第三人有合理信赖的理由。而H置业的股东会决议仅代表H置业在签订合作协议、股权转让协议前有向X信托借款的单方面意向,最终双方未曾达成借款协议,而是X信托受让了纪某、丁某持有的H置业股权,与纪某、丁某之间发生了股权转让的事实。如果X信托本意是向H置业出借款项,H置业从股东会决议来看亦有向X信托借款的意向,双方完全可以达成借款合同,并为确保借款的安全性,X信托可以要求依法办理股权质押、土地使用权抵押、股东提供担保等法律规定的担保手续。如原告在K国际项目上不能进行信托融资,则应依照规定停止融资行为。X信托作为一个有资质的信托投资机构,应对此所产生的法律后果有清晰的认识,故X信托提出的'名股实债''让与担保'等主张,与本案事实并不相符,其要求在破产程序中获得债权人资格并行使相关优先权利并无现行法上的依据,故本院对其主张依法不予采纳。"

基于X信托在H置业中的股东身份,其出资并获得股东资格后不应再享有对破产企业的破产债权,X信托要求行使对H置业所有的18-C号地块国有土地使用权及在建工程享有抵押权,并以该抵押物折价或者以拍卖、变卖的价款优先受偿的请求,有悖法律,法院依法予以驳回。

3. 案例导读

通过上述案例我们可以看出,"名股实债"在项目公司进入破产程序后并不是一种最佳的增信措施和风险控制方式,一旦被认定为股权投资,会丧失本来可以起到增信作用的抵押权。因此，一般在没有提供抵押融资，且融资方控股股东资信非常好的情形下，此种方式可以发挥增信作用。

【案例导航】PA 信托入股 GZB 房地产公司

2013 年 3 月 22 日，《关于 GZB 集团房地产开发有限公司股权信托融资的议案》经公司董事会第五届董事会第十二次会议审议通过，同意公司控股 99.14% 的子公司 GZB 集团房地产开发有限公司（以下简称"GZB 房地产公司"）向 PA 信托有限责任公司（以下简称"PA 信托公司"）以股权信托的方式融资 150,000 万元，期限三年。

GZB 房地产公司注册资本金 70,000 万元，其中 GZB 集团股份有限公司出资 69,400 万元，持股比例为 99.14%；GZB 集团公司出资 600 万元，持股比例为 0.86%。PA 信托公司对 GZB 房地产公司增资 150,000 万元，其中 30,000 万元作为 GZB 房地产公司的注册资本，120,000 万元作为资本公积。增资完成后，GZB 房地产公司实收资本为 100,000 万元，各股东方持股比例为：GZB 集团股份公司出资 69,400 万元，持股比例为 69.4%；PA 信托公司出资 30,000 万元，持股比例为 30%；GZB 集团公司出资 600 万元，持股比例为 0.6%。

根据双方约定，信托存续期间，PA 信托公司不参与 GZB 房地产公司的具体经营管理和分红，GZB 房地产公司原有的董事会及经营管理机构不因本次增资而进行调整。GZB 房地产公司按照双方约定的价格每季度向 PA 信托公司支付信托资金报酬。

信托期限届满之日，GZB 房地产公司回购 PA 信托公司持有的股权，股权信托计划终止。股权回购款为投资款本金 150,000 万元及未支付完毕的股权信托资金报酬。GZB 房地产公司控股股东 GZB 集团公司对其股权回购提供担保。

【案例导航】ZT 信托入股青岛 ZN 世纪城

江苏 ZN 建设集团股份有限公司（以下简称"ZN 建设集团"）披露公司于 2010 年 6 月 23 日召开第四届董事会第二十五次会议，审议通过了青岛 ZN 世纪城房地产业投资有限公司（以下简称"青岛 ZN 世纪城"）信托股权增资及股权收购协议等相关事项，同意 ZN 建设集团、青岛 ZN 世纪城、青岛 HW 房地产开发有限公司（以下简称"青岛 HW"）与 ZT 信托有限责任公司（以下简称"ZT 信托"）合作，由 ZT 信托以信托资金对其进行增资扩股。

ZN 建设集团持有青岛 HW100% 的股权，青岛 HW 持有青岛 ZN 世纪城 100% 的股权。为促进青岛 ZN 世纪城所开发的项目建设进度，增强其项目开发的资金配套能力，ZT 信托、建设银行青岛市分行、青岛 HW、青岛 ZN 世纪城及 ZN 建设集团共同签订《青岛 ZN 世纪城增资扩股协议》（以下简称"《增资扩股协议》"）以及《股权收购协议》《管理费用支付协议》等一系列相关协议。

根据《增资扩股协议》约定，ZT 信托受托设立建行青岛市分行-青岛 ZN 世纪城股权投资单一资金信托，通过信托资金向青岛 ZN 世纪城增资 5 亿元，占青岛 ZN 世纪城本次增资完成后的注册资本 10.2 亿元的 49%。根据《管理费用支付协议》约定，建设银行青岛分行受托为青岛 ZN 世纪城发行建设银行青岛市分行"乾元一号"2010 年第 2 期股权投资人民币，管理费用率：①2 亿元理财产品部分，理财产品总额的 5.2%（年化），期限 2 年；②3 亿元理财产品部分，理财产品总额的 4.7%（年化），期限 2.5 年。

根据《股权收购协议》约定，合同签订后 2～2.5 年内，由 ZN 建设集团分两期收购 ZT 信托增资持有的青岛 ZN 世纪城 49% 的股权。第一期于协议签订日的 2 年后，按照 2 亿元本金加年溢价 6.5% 收购 ZT 信托持有的青岛 ZN 世纪城 2 亿元出资；第二期于协议签订日的 2.5 年后，按照 3 亿元本金加年溢价 7% 收购 ZT 信托持有的青岛 ZN 世纪城 3 亿元出资。

同时，为了保证 ZT 信托在此项交易中权益的实现，ZN 建设集团控股股东

ZN控股集团有限公司与ZT信托签订保证合同，青岛HW与ZT信托签订保证合同、质押合同，青岛HW以持有的青岛ZN世纪城51%股权提供质押担保，青岛HW、ZN控股集团为本次合作提供无偿信用保证担保。

一般情况下，如果法律关系清晰，协议约定明确，在非破产清算的情况下，法院依据实质重于形式的原则，一般是支持"名股实债"的诉讼请求的。

【案例导航】J公司与S公司、H公司股权转让等纠纷

1. 案情简介

2010年7月1日，被告S实业发展有限公司（以下简称"S公司"）、H置业有限公司（以下简称"H公司"）、吴某与原告J投资管理有限公司（以下简称"J公司"）签订股权转让及回购协议，S公司将其持有的H公司25%的股份作价1亿元转让给原告；该股权为优先股，不享受分红，以年利率22%享受固定回报。协议签订后，原告向被告支付了1亿元。

2013年9月18日，被告S公司、H公司、C公司、吴某、马某与原告签订股权回购协议书，确认S公司回购原告持有的H公司25%股权的时间和回购价款。保证人是H公司、C公司、吴某、马某。被告未能按约付款，故原告向法院提起诉讼。

2. 裁判要点

法院认为，原告受让H公司股权的真实目的不在于股权投资，而是获取固定的资金使用收益，被告S公司亦在双方约定的期限届满后，回购了H公司股权，其行为的实质在于向原告拆借资金，各当事人对此均无异议。因此，本案法律关系性质应为企业借贷关系，案由为企业借贷纠纷。

关于企业借贷合同的效力，被告H公司主张应认定为无效，主合同无效，担保合同无效，H公司无须承担担保责任。对此，法院认为，各方约定被告S公司以股权转让的形式向原告借款，期限届满后，又以股权回购的形式归还借款并向原告支付资金占用费，系当事方真实意思表示，双方的约定符合借贷合同的法律特征，其效力应按照《合同法》的相关规定予以认定。《最高人民

法院关于适用〈中华人民共和国合同法〉若干问题的解释（一）》将该条中的"法律、行政法规"解释为"全国人大及其常委会制定的法律和国务院制定的行政法规"。H公司没有提出关于企业间不得借款的法律、行政法规的强制性规定，被告S公司因生产经营所需向外借款，也未损害他人及社会公共利益，故H公司的主张缺乏法律依据，法院不予支持。

关于被告H公司担保行为的效力，H公司称依据《公司法》的规定及H公司的公司章程，H公司对外提供担保，应当经股东会决议，原告在接受H公司担保时也非善意第三人，故H公司担保无效。对此，法院认为，《公司法》相关条款的立法本意在于防止公司实际控制人或高级管理人员损害公司、小股东或其他债权人利益，其实质是公司内部风险控制程序，不能以此约束交易相对人，该条规定宜理解为管理性强制性规范。违反该项规定的，不影响担保合同的效力，故被告H公司担保无效的主张，不能成立，其应依法承担保证责任。

3. 案例解读

实践中，金融机构如保险资产管理公司、信托公司往往为了融资方降低财务杠杆的需要，设计了较为复杂的金融产品，如通过资管产品或者信托产品投资有限合伙基金、有限合伙基金投资项目公司方式实现最终的投资，表面上是一个股权投资，实质是通过合伙协议约定回购条款，除了回购协议，还需要融资方的实际控制人或者关联方提供回购的担保，当然也有不做嵌套基金的投资方式。但是，无论是否有基金嵌套，这种金融产品往往因为融资方财务杠杆较高才不得已采用如此复杂的交易模式，从本质上讲，这种金融产品往往是融资主体、普通合伙人、劣后级有限合伙人及担保人之间存在一定的交叉、重合或从属关系，不符合保险投资要求的金融产品结构简单、基础资产清晰的要求。

因此，保险资金投资结构复杂、存在嵌套基金的金融产品时，需要穿透核查基础资产，明确法律关系是否清晰，约定是否明确，回购主体及担保主体公司治理是否健全、运行是否稳健、内控是否健全且有效运行、在当前及还款期限内是否具有真实的回购能力等。

有限合伙基金嵌套结构如图 2-4 所示。

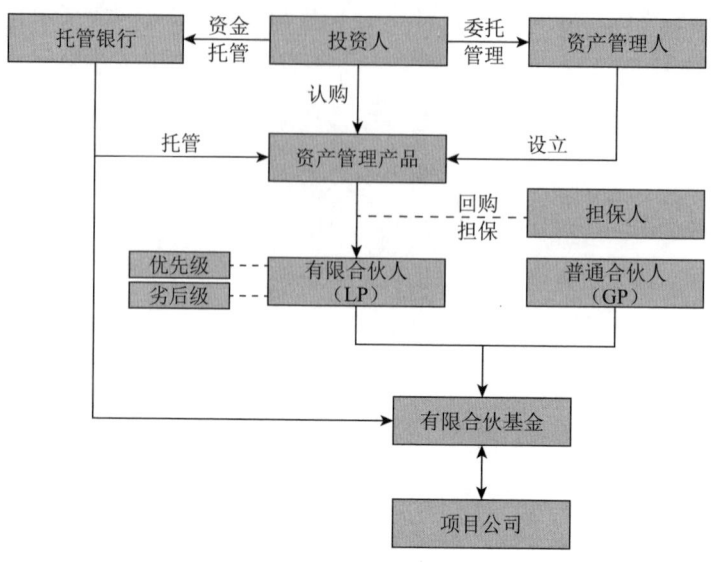

图 2-4　有限合伙基金嵌套结构

非有限合伙基金嵌套结构如图 2-5 所示。

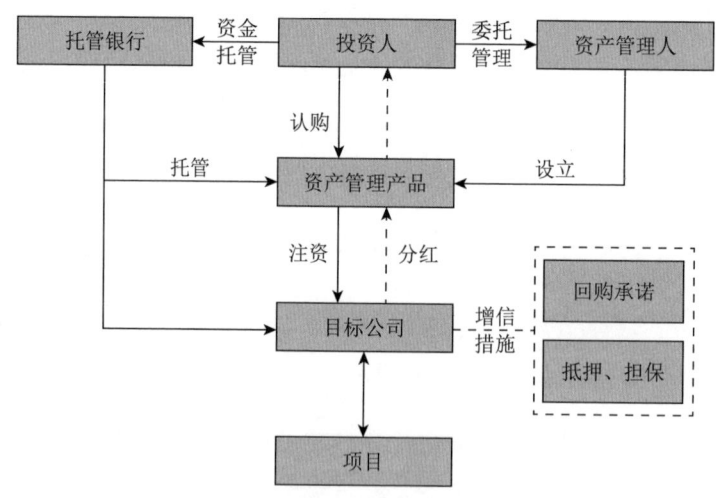

图 2-5　非有限合伙基金嵌套结构

《关于保险资金投资有关金融产品的通知》明确："保险机构自行或受托投资金融产品，应当评估产品管理人的信用状况、经营管理水平、投资管理能力和风险管理能力，关注产品交易结构、基础资产状况和信用增级安排，有效管理信用风险、市场风险、流动性风险、操作风险和法律风险。"但是为了融资主体降低财务杠杆和表外资产处理的需要，金融机构运营金融工具设置了非常复杂的交易结构，虽然形式上做到了金融产品合规、权利义务明确，但是往往因为交易结构复杂，一旦发生系统风险，追责程序亦会因交易结构复杂而不能穿透到基础资产，甚至会出现各金融机构互相推诿，不能及时有效控制风险的问题。

第四节　债权计划投资合规与风险控制

一、法规导航

① 《债权投资计划实施细则》；
② 《标准化债权类资产认定规则》；
③ 《信托公司资金信托管理暂行办法（征求意见稿）》；
④ 《保险资产管理产品管理暂行办法》；
⑤ 《国务院关于调整固定资产投资项目资本金比例的通知》。

二、债权投资计划的定义

债权投资计划是指保险资产管理公司等专业管理机构作为受托人，根据《债权投资计划实施细则》等相关文件的规定，面向委托人发行受益凭证，募集资金以债权方式投资基础设施项目，按照约定支付预期收益并兑付本金的金融产品。

（一）标准化债权

根据《标准化债权类资产认定规则》的规定依法发行的债券、资产支持证券等固定收益证券，主要包括国债、中央银行票据、地方政府债券、政府支持机构债券、金融债券、非金融企业债务融资工具、公司债券、企业债券、国际机构债券、同业存单、信贷资产支持证券、资产支持票据、证券交易所挂牌交易的资产支持证券，以及固定收益类公开募集证券投资基金等。

申请认定标准化债权类资产，根据《标准化债权类资产认定规则》，认定条件和程序如下。

① 认定条件：等分化，可交易；信息披露充分；集中登记，独立托管；公允定价，流动性机制完善；在银行间市场、证券交易所市场等国务院同意设立的交易市场交易。

② 认定程序：机构向中国人民银行提出标准化债权类资产认定申请，中国人民银行会同金融监督管理部门进行认定。

（二）非标准化债权

非标准化债权＝债权类资产－标准化债权－非标准化债权资产除外类别

主要有存款（包括大额存单）以及债券逆回购、同业拆借等形成的资产。另外，同业存款、协议存款、结构性存款是存款的子类别，也属于非标准化债权资产除外类别。

1."非标转标"

信托公司通过北金所、银登等交易平台变相开展"非标转标"类业务。

信托公司委托第三方投资一个底层资产为非标的资管计划（同时设立一个信托资金池），随后第三方将上述资管计划受益权在北金所、银登等交易平台挂牌，最后信托公司通过信托资金池摘牌。该模式由于是通过协议转让的方式完成对接，因此呈现没有流动性、价值不公允以及底层资产不清晰等特征（如图2-6所示）。

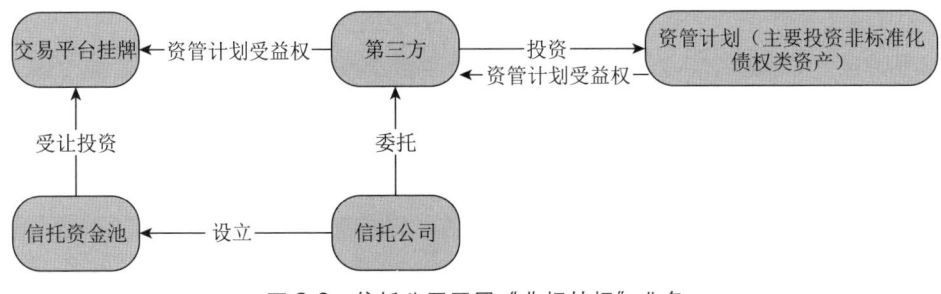

图 2-6 信托公司开展"非标转标"业务

2. "非非标"属于"非标"

"资管新规"发布之前被视为"非标转标"渠道的各类"非非标"品种，《标准化债权类资产认定规则》将其明确定性为非标准化债权类资产，主要包括如下品种。

①银行业理财登记托管中心有限公司的理财直接融资工具。

②银行业信贷资产登记流转中心有限公司的信贷资产流转和收益权转让相关产品。

③北京金融资产交易所有限公司的债权融资计划。

④中证机构间报价系统股份有限公司的收益凭证。

⑤上海保险交易所股份有限公司的债权投资计划、资产支持计划。

3. 非标债权资产

债权资产一览表详见表 2-2。

表 2-2 债权资产一览表

标/非标	产品名称	监管机构	发行主体	发行对象
非标	银行业理财登记托管中心有限公司的理财直接融资工具	国家金融监督管理总局	商业银行	仅限银行理财管理计划
非标	银行业信贷资产登记流转中心有限公司的信贷资产流转和收益权转让相关产品	国家金融监督管理总局	商业银行	合格投资者（个人合格投资者禁止投向不良资产收益权）

续表

标/非标	产品名称	监管机构	发行主体	发行对象
非标	北京金融资产交易所有限公司的债权融资计划	中国证监会、部际联席会议及相关政府金融监管部门	非金融企业	北金所认定的合格投资者
非标	中证机构间报价系统股份有限公司的收益凭证	中国证监会	依法设立的法人和其他机构	合格机构投资者
非标	上海保险交易所股份有限公司的债权投资计划、资产支持计划	国家金融监督管理总局	保险公司及其资管公司	合格机构投资者
标	记账式国债（交易所市场）	中国人民银行、财政部、中国证监会	财政部	在中证登开立股票和基金账户的各投资者
标	地方政府债券（交易所市场）	中国人民银行、财政部	财政部代理省、自治区、直辖市和计划单列市人民政府	在中证登开立股票和基金账户的各投资者
标	公司债券	中国证监会核准	境内上市公司及发行境外上市外资股的境内股份有限公司	达标发行人可向全市场投资者发行，未达标只能向机构投资者发行
标	证券公司债券	中国证监会批准	综合类证券公司	公开发行或向合格投资者定向发行
标	可转债券	中国证监会核准	上市公司	自然人、法人、证券投资基金以及符合规定的其他投资者
标	次级可转债券	国家金融监督管理总局批准、中国证监会核准	上市保险公司及保险集团公司	同可转债券
标	企业债券	中国人民银行和中国证监会监管，由中国人民银行会同国家发展改革委审批	境内具有法人资格的企业	境内法人、自然人
标	资产支持证券	中国证监会监管，交易所审批	符合挂牌指南要求的原始权益人	证券交易所市场机构投资者

续表

标/非标	产品名称	监管机构	发行主体	发行对象
标	记账式国债（银行间市场）	中国人民银行、财政部、中国证监会	财政部	在中债登开立债券账户的各投资者
标	地方政府债券（银行间市场）	中国人民银行、财政部	财政部代理省、自治区、直辖市和计划单列市人民政府	在中债登开立债券账户的各投资者
标	金融债	中国人民银行逐期审核	境内金融机构法人	银行间债券市场机构投资者
标	央行票据	中国人民银行不逐期审核，按规直接办理	中国人民银行	公开市场业务一级交易商
标	商业银行次级债	国家金融监督管理总局审查发行主体资格，中国人民银行批准发行	境内商业银行	银行间债券市场机构投资者
标	证券公司短期融资券	中国人民银行监管，中国证监会审查	证券公司	银行间债券市场机构投资者
标	短期融资券	中国人民银行逐期审核，并在协会注册	具有法人资格的非金融企业	银行间债券市场机构投资者
标	中期票据	中国人民银行逐期审核，并在协会注册	具有法人资格的非金融企业	银行间债券市场机构投资者
标	超短期融资券	交易商协会注册	具有法人资格，信用评级较高的非金融企业	银行间债券市场机构投资者
标	中小非金融企业集合票据	交易商协会注册	中小非金融企业	银行间债券市场机构投资者
标	企业债券	中国人民银行和中国证监会监管，国家发展改革委审批	境内具有法人资格的企业	境内法人和自然人/银行间债券市场机构投资者
标	信贷资产支持证券	国家金融监督管理总局监管，中国人民银行核准	特定目的信托受托机构	银行间债券市场机构投资者
标	资产支持票据	交易商协会注册	非金融企业	银行间债券市场机构投资者

4.保险资金投资非标债权的限制

《信托公司资金信托管理暂行办法（征求意见稿）》规定："信托公司管理的全部集合资金信托计划投资于同一融资人及其关联方的非标准化债权类资产的合计金额不得超过信托公司净资产的百分之三十。信托公司管理的全部集合资金信托计划向他人提供贷款或者投资于其他非标准化债权类资产的合计金额在任何时点均不得超过全部集合资金信托计划合计实收信托的百分之五十。国务院银行业监督管理机构另有规定的除外。"《保险资产管理产品管理暂行办法》第三十一条第二款规定："同一保险资产管理机构管理的全部组合类产品投资于非标准化债权类资产的余额，在任何时点不得超过其管理的全部组合类产品净资产的百分之三十五。"

（1）期限错配风险

资管公司将资金运用于非标准化债权时，把短期资金投入长期项目中，以后续募集资金兑付前期受益权份额，违规开展非标准化理财资金池等具有影子银行特征的业务。

（2）期限错配管理

"资管新规"规定：资产管理产品直接或者间接投资于非标准化债权类资产的，非标准化债权类资产的终止日不得晚于封闭式资产管理产品的到期日或者开放式资产管理产品的最近一次开放日。

《信托公司资金信托管理暂行办法（征求意见稿）》规定："资金信托直接或者间接投资于非标准化债权类资产的，应当为封闭式资金信托。非标准化债权类资产的终止日不得晚于封闭式资金信托的到期日。"

（3）投资金额要求

根据《保险资产管理产品管理暂行办法》第二十条，保险资管产品投资于非标准化债权类资产的，接受单个合格投资者委托资金的金额不低于100万元。

（4）限制原因

非标准化债权产品透明度较低，流动性较弱，规避资本约束等监管要求，部分投向限制性领域，大多未纳入社会融资规模统计。因此，在"避免资管业务沦为变相的信贷业务，减少影子银行风险，缩短实体经济融资链条，降低实体经济融资成本"的背景下，资管产品投资非标准化债权类资产，应当遵守金融监督管理部门有关限额管理、流动性管理、集中度管理等相比"标"更为严格的监管标准。

三、债权投资业务的禁止性行为

① 收取或变相收取与发起设立和履行职责无关的费用．

② 进行公开营销宣传，推介材料含有与债权投资计划文件不符的内容，或者存在虚假记载、误导性陈述或重大遗漏等。

③ 采用压低费率、打折或者变相打折等手段实施恶性竞争，夸大过往业绩，或者恶意贬低同行，将债权投资计划与其他资产管理产品进行捆绑销售。

④ 以任何方式保证债权投资计划本金或承诺债权投资计划收益，包括采取滚动发行等方式使得债权投资计划的本金、收益、风险在不同投资者之间发生转移，实现产品保本保收益。

⑤ 将债权投资计划资金投资于国家以及监管部门明令禁止或者限制投资的行业或产业。

⑥ 将债权投资计划资金挪用于《债权投资计划实施细则》或债权投资计划合同约定之外的用途。

⑦ 与相关当事人发生涉及利益输送、利益转移或获取超出受托职责以外额外利益的交易行为，利用债权投资计划的资金与关联方进行不正当交易、利益输送等。

⑧ 投资商业住宅项目。

四、债权投资计划对基础资产的基本要求

① 产品基础资产明确，募集资金投资方向和投资策略符合国家宏观政策、

产业政策、监管政策及相关规定。

②交易结构清晰，制定投资者权益保护机制。

③债权投资计划受益权划分为等额受益凭证。

五、保险机构开展债权投资计划的安排及管理职责

1. 符合监管规定

投资项目为非基础设施类不动产的应符合《保险资金投资不动产暂行办法》《关于保险资金投资股权和不动产有关问题的通知》的监管规定。

2. 尽职调查、合规性、增信安排

保险资产管理机构设立债权投资计划，应当开展尽职调查和可行性研究，科学设定交易结构，充分评估相关风险，严格履行各项程序，独立开展评审和决策，并聘请具备相应资质的专业服务机构对设立债权投资计划的合法合规性、信用级别等作出明确判断和结论。

3. 资金划拨的安排

保险资产管理机构应当于债权投资计划依规履行登记程序后12个月内完成资金划拨；分期划拨资金的，最后一次资金划拨不得晚于登记完成之日起24个月。

4. 投后尽职管理职责

保险资产管理机构应当跟踪管理和持续监测融资主体、信用增级和投资项目等，强化内部信用评级管理，有效评估融资主体资信状况、还款能力和信用增级安排的效力，及时掌握资金划拨使用和投资项目建设运营情况，形成内部定期报告机制，全程跟踪管理债权投资计划的投资风险。

债权投资计划的抵质押资产价值下降或发生变现风险，影响债权投资计划财产安全的，保险资产管理机构应当及时制定应对方案，提交债权投资计划受益人大会审议后启动止损机制，采取减少投资计划本金、增加担保主体或追加合法足值抵质押品等措施，确保担保足额有效。

六、偿债主体要求

① 偿债主体应当是项目方或者其母公司（实际控制人）。
② 经工商行政管理机关（或主管机关）核准登记，具备担任融资和偿债主体的法定资质。
③ 具备持续经营能力和良好发展前景，具有稳定可靠的收入和现金流，财务状况良好。
④ 信用状况良好，最近两年无违约等不良记录。
⑤ 还款来源明确、真实可靠，能够覆盖债权投资计划的本金和预期收益。
⑥ 与专业管理机构不存在关联关系。

七、债权投资计划的资金使用要求

① 债权投资计划的资金，应当投资于一个或者同类型的一组基础设施项目。
② 具有较高的经济价值和良好的社会影响，符合国家和地区发展规划及产业、土地、环保、节能等相关政策。
③ 项目立项、开发、建设、运营等履行法定程序。
④ 项目方资本金不低于项目总预算的30%或者符合国家有关资本金比例的规定；在建项目自筹资金不低于项目总预算的60%。
⑤ 一组项目的子项目，应当分别开立财务账户，确定对应资产，不得相互占用资金。
⑥ 债权投资计划的资金投向，应当严格遵守国家金融监督管理总局相关法律规定和债权投资计划合同约定，不得用于《债权投资计划实施细则》或合同约定之外的用途。

根据《国务院关于调整固定资产投资项目资本金比例的通知》，固定资产投资项目的最低资本金比例按以下规定执行：钢铁、电解铝项目最低资本金比例为40%；水泥项目最低资本金比例为35%；煤炭、电石、铁合金、烧碱、焦炭、黄磷，最低资本金比例为30%；机场、化肥（钾肥除外）项目最低资本金比例为25%；港口、沿海及内河航运项目最低资本金比例为20%；铁路、公路、城市轨道交通最低资本金比例为20%；玉米深加工最低资本金比例为20%；保障性住房和普通商品住房项目的最低资本金比例为20%，其他房地产开发项目的最低资本金比例为30%；其他项目的最低资本金比例为20%。

八、债权计划的信用增级要求

1. 信用增级方式与偿债主体还款来源相互独立

2. 信用增级方式

（1）A类增级方式

国家专项基金、政策性银行、上一年度信用评级AA级以上（含AA级）的国有商业银行或者股份制商业银行，提供本息全额无条件不可撤销连带责任保证担保。上述银行省级分行担保的，应当提供总行授权担保的法律文件，并说明其担保限额和已提供担保额度。

（2）B类增级方式

在中华人民共和国境内依法注册成立的企业（公司），提供本息全额无条件不可撤销连带责任保证担保，并满足下列条件。

① 担保人信用评级不低于偿债主体信用评级。

② 债权投资计划发行规模不超过20亿元的，担保人上年末净资产不低于60亿元；发行规模大于20亿元且不超过30亿元的，担保人上年末净资产不低于100亿元；发行规模大于30亿元的，担保人上年末净资产不低于150亿元。

③ 同一担保人全部担保金额，占其净资产的比例不超过50%。全部担保金额和净资产，依据担保主体提供担保的资产范围计算确定。

④ 偿债主体母公司或实际控制人提供担保的，担保人净资产不低于偿债主

体净资产的 1.5 倍。

⑤ 担保行为履行全部合法程序。

（3）C 类增级方式

以流动性较高、公允价值不低于债务价值 2 倍，且具有完全处置权的上市公司无限售流通股份提供质押担保，或者以依法可以转让的收费权提供质押担保，或者以依法有权处分且未有任何他项权利附着的、具有增值潜力且易于变现的实物资产提供抵押担保。质押担保应当办理出质登记，抵押担保办理抵押物登记，且抵押权顺位排序第一，抵押物价值不低于债务价值的 2 倍。

抵质押资产的公允价值，应当由具有最高专业资质的评估机构评定，且每年复评不少于一次。抵质押资产价值下降或发生变现风险，影响债权投资计划财产安全的，专业管理机构应当及时采取启动止损机制、增加担保主体或追加合法足值抵质押品等措施，确保担保足额有效。

3. 债权投资计划免于信用增级的条件

债权投资计划同时符合下列条件的，可免于信用增级。

① 偿债主体最近两个会计年度净资产不低于 300 亿元、年营业收入不低于 500 亿元，且符合《保险资产管理产品管理暂行办法》和《债权投资计划实施细则》的要求。

② 偿债主体最近两年发行过无担保债券，其主体及所发行债券信用评级均为 AAA 级。

③ 发行规模不超过 30 亿元。

九、债权投资计划负面清单

专业管理机构不得发起设立该债权投资计划的情形：

① 存在重大法律或合规性瑕疵，或者法律合规意见提示重大法律合规风险；

② 专业管理机构风险管理部门提示重大风险；

③ 无内部或外部信用评级，或者内部或外部信用评级低于可投资级别；

④ 参与评审、决策的部门，对发起设立债权投资计划持否定意见。

十、发起债权投资计划基本流程

① 受托人与偿债主体签订投资合同，以债权方式投资于指定的投资项目；偿债主体应付的投资收益、投资本金及偿债主体应向受托人承担的其他债务由担保人提供本息全额无条件不可撤销连带责任保证担保。

② 委托人签署认购书，认购受托人发起设立的投资计划份额，分别与受托人、托管人签订受托合同和托管合同等法律文件，并指定投资计划生效后的受益人。

③ 委托人向受托人为投资计划在托管人处开立的托管账户缴纳委托资金。

④ 托管人根据受托人指令向偿债主体账户划拨委托资金，形成投资资金，投资资金自该日起计算投资收益。

⑤ 经投资计划受益人大会审议通过，授权独立监督人监督投资计划运行管理情况。

⑥ 项目公司增设监督专户，由独立监督人对投资资金进行监督，确保投资资金专款专用。

⑦ 偿债主体在投资收益偿付日前 × 天将当期应付投资收益及本金归集至偿债专户。

⑧ 偿债主体在投资收益偿付日将应付投资收益划付到托管账户。

⑨ 托管人根据受托人指令，及时向受益人分配投资计划收益及本金并支付投资计划报酬。

⑩ 自投资计划第 × 年起，偿债主体开始逐年等额偿还投资资金本金。

上述流程如图 2-7 所示。

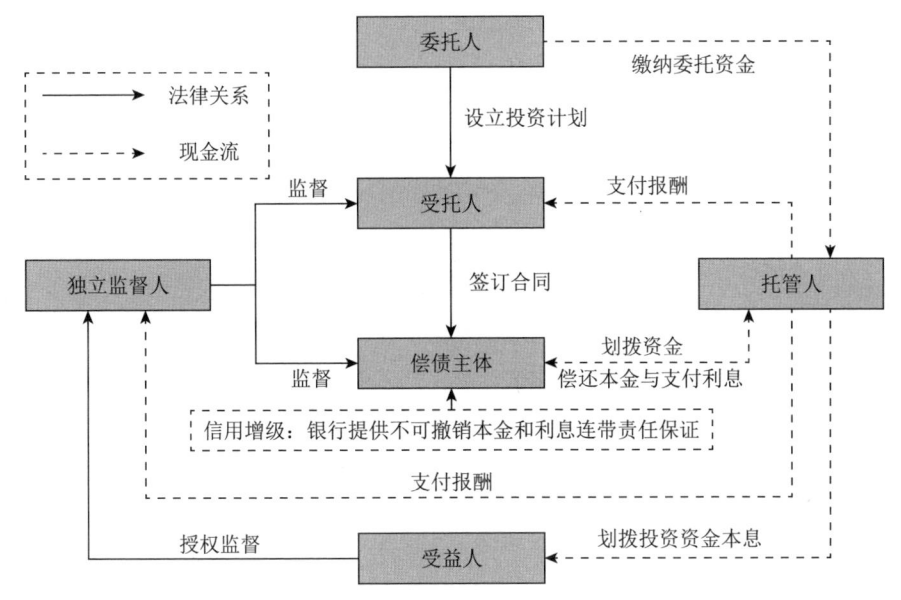

图 2-7 发起债权投资计划基本流程

第五节 信托计划投资合规与风险控制

一、法规导航

① 《关于保险资金投资集合资金信托有关事项的通知》；
② 《关于保险资金投资有关金融产品的通知》；
③ 《信托公司资金信托管理暂行办法（征求意见稿）》。

二、信托公司资格要求

① 近三年公司及高级管理人员未发生重大刑事案件且未受监管机构行政处罚；

② 承诺向保险业相关行业组织报送相关信息；
③ 上年末经审计的净资产不低于 30 亿元。

三、信托公司的职责

根据《信托公司资金信托管理暂行办法（征求意见稿）》第三条，信托公司管理、运用信托资金，应当遵守法律、行政法规、国务院银行业监督管理机构的监管规定和信托文件约定，恪尽职守，履行诚实、守信、谨慎、有效管理的义务，为投资者的合法利益最大化处理信托事务，根据所提供的受托服务收取信托报酬。资金信托财产依法独立于信托公司的固有财产，独立于信托公司管理的其他信托财产。机构和个人投资资金信托，应当自担投资风险并获得信托利益或者承担损失。信托公司不得以任何方式向投资者承诺本金不受损失或者承诺最低收益。

信托公司办理资金信托业务，不得为委托人或者第三方从事违法违规活动提供通道服务。信托文件约定的信托目的应当是委托人真实、完整的意思表示。委托人隐瞒信托目的或者信托目的违反法律、行政法规或者损害社会公众利益的，信托公司不得为其设立信托。

信托公司办理资金信托业务，不得提供通道服务。根据《关于规范金融机构资产管理业务的指导意见》，金融机构不得为其他金融机构的资产管理产品提供规避投资范围、杠杆约束等监管要求的通道服务。

四、禁止刚性兑付

（一）相关法律规定

根据《信托公司管理办法》第三十四条，信托公司开展信托业务，不得承诺信托财产不受损失或者保证最低收益。根据《信托公司集合资金信托计划管理办法》，信托公司推介信托计划时，不得以任何方式承诺信托资金不受损失，或者以任何方式承诺信托资金的最低收益。

根据《信托公司资金信托管理暂行办法（征求意见稿）》，机构和个人投资资金信托，应当自担投资风险并获得信托利益或者承担损失，信托公司不得以任何方式向投资者承诺本金不受损失或者承诺最低收益。

（二）刚性兑付的定义

1. 相关法律认定

根据《关于规范金融机构资产管理业务的指导意见》，经金融管理部门认定，存在以下行为的视为刚性兑付：

① 资产管理产品的发行人或者管理人违反真实公允确定净值原则，对产品进行保本保收益；

② 采取滚动发行等方式，使得资产管理产品的本金、收益、风险在不同投资者之间发生转移，实现产品保本保收益（每只资管产品应单独设立、单独管理、单独建账、单独核算）；

③ 资产管理产品不能如期兑付或者兑付困难时，发行或者管理该产品的金融机构自行筹集资金偿付或者委托其他机构代为偿付（投资者应当自担风险）；

④ 金融管理部门认定的其他情形。

2. 刚性兑付的处罚案例

（1）A 信托公司因承诺刚性兑付被罚

[受罚人员] 杨某

[案情简介] 杨某对 A 信托公司 2014 年 5 月至 2018 年 10 月间以下违法违规行为负有直接管理责任：

① 2016 年 7 月至 2018 年 4 月，该公司部分信托项目违规承诺信托财产不受损失或保证最低收益；

② 2016 年至 2018 年，该公司违规将部分信托项目的信托财产挪用于非信托目的的用途；

③ 2016 年至 2018 年，该公司违规开展非标准化理财资金池等具有影子银

行特征的业务；

④ 2016年至2018年，该公司部分信托项目未真实、准确、完整披露信息。

[处罚决定] 取消银行业金融机构董事和高级管理人员任职资格终身。

（2）A信托公司违规

[案情简介]

2016年7月至2018年4月，该公司部分信托项目违规承诺信托财产不受损失或保证最低收益。

2016年至2019年，该公司违规将部分信托项目的信托财产挪用于非信托目的的用途。

2018年至2019年，该公司推介部分信托计划未充分揭示风险。

2016年至2019年，该公司违规开展非标准化理财资金池等具有影子银行特征的业务。

2016年至2019年，该公司部分信托项目未真实、准确、完整披露信息。

[处罚决定] 责令改正，并处罚款共计1,400万元。

上海银保监局（今国家金融监督管理总局上海监管局）：2016年7月至2018年4月，A信托公司通过签订远期转让协议、出具流动性支持函等方式，违规承诺8笔信托财产不受损失或保证最低收益，金额共计33.3亿元，截至2019年7月末，上述协议或支持函均已到期，已造成严重的兑付风险。

信托机构应该加强投资者教育，帮助投资者树立"收益自享、风险自担"的风险责任意识，准确评估自己的风险承担能力。

（三）刚性兑付条款的效力

《全国法院民商事审判工作会议纪要》第九十二条规定："信托公司、商业银行等金融机构作为资产管理产品的受托人与受益人订立的含有保证本息固定回报、保证本金不受损失等保底或者刚兑条款的合同，人民法院应当认定该条款无效。受益人请求受托人对其损失承担与其过错相适应的赔偿责任的，人民法院依法予以支持。实践中，保底或者刚兑条款通常不在资产管理产品合同中明确约定，而是以'抽屉协议'或者其他方式约定，不管形式如何，均应认定无效。"

1. 分类讨论：资管金融机构作为受托人刚性兑付条款无效

◆案例　司某与G信托公司信托纠纷案

北京市东城区人民法院认为司某与G信托公司之间的信托合同有效，G信托公司按照信托合同的约定履行了相关谨慎与风险控制义务，并采取积极措施挽回损失，判决G信托公司不向司某返还信托本金及收益，司某不服一审判决，向北京市第二中级人民法院提起上诉，二审法院维持原判。

2. 分类讨论：第三方承诺的保本保收益条款一般认定有效

◆案例　D银行沈阳分行、M银行太原分行合同纠纷案

D银行沈阳分行与R证券有限公司、Z银行股份有限公司签订了《R-Z定向资产管理计划合同》（以下简称"《资产管理合同》"），M银行太原分行向D银行沈阳分行出具承诺函，载明《资产管理合同》与承诺函中有任何不同约定，无论是否发生《资产管理合同》中的风险，M银行太原分行均确保投资本金及收益的安全。

法院认为，承诺函是兼具附条件的资产受让合同，且其没有违反《合同法》关于合同无效条款的相关规定，应对D银行沈阳分行及M银行太原分行具有约束力，判决M银行太原分行向D银行沈阳分行给付投资理财本金及收益。

（四）刚性兑付条款无效后的法律责任

1. 仅仅约定了刚性兑付条款，没有其他受托人管理职责失职，受托人承担责任不超过信托财产的二分之一

【案例导航】赖某、C投资管理有限公司委托理财合同纠纷

裁判要点：仅仅是约定了刚兑条款，其他受托人没有管理职责失职，保底条款属于明知或应知法律所禁止的事项，委托人与受托人双方在这种情况下仍然签订保底条款，对此均有过错，可以以双方的过错以及双方约定的业绩报酬

比例作为分担亏损额的参考依据。

本案中，赖某投资 100 万，最终收到购回款 62.4 万元，亏损 37.6 万元，最终法院判决双方以约定的业绩报酬（本金 20%）比例作为分担亏损额的参考依据，即受托人承担本金亏损的 20%，相当于受托人与委托人各承担 50% 的责任。

法院认为，C 投资管理有限公司作为专业的投资机构，向投资者承诺本金不受损失，对于补充协议的无效存在过错。赖某作为该基金的合格投资者，理应知晓投资机构不得向投资者承诺投资本金不受损失或者承诺最低收益。

况且，涉案主合同明确约定"基金管理者承诺依照恪尽职守、诚实信用、谨慎勤勉的原则管理和运用基金财产，不保证基金财产一定盈利，也不保证最低收益"，赖某在签署主合同时显然已知晓，因此其对于涉案补充协议的无效亦存在过错。

双方均属于明知或应知法律所禁止的事项而签订涉案补充协议，对此均有过错。赖某主张 C 投资管理有限公司对涉案补充协议存在更大过错，但对此其并未提交证据予以证明，故法院对其主张不予采信。在双方均对此存在过错的情况下，一审法院以双方约定的业绩报酬比例作为分担亏损额的参考依据，对涉案亏损的分担比例作出认定并无不当。

2. 受托人存在其他失职的情况下，需要恢复信托财产的原状或者予以赔偿

【案例导航】谭某诉某信托公司、第三人广州某企业集团有限公司之间经营信托纠纷

2015 年 4 月，谭某作为劣后收益人认购某信托公司信托产品 100 万元，2015 年 12 月，经过最终清算，谭某本金损失高达 91 万元，损失超过了 90%。2016 年，谭某认为某信托公司未尽到受托人义务，诉讼请求法院判令某信托公司赔偿因违反信托合同约定的义务给其造成的损失 91 万元及相应利息。

该案先后经过一审、二审和再审申请。北京市朝阳区人民法院根据信托公司的违反义务实际情况，判决某信托公司向投资者谭某赔偿30%的经济损失；后经北京市第三中级人民法院审理，改判某信托公司赔偿谭某50%的经济损失；北京市高级人民法院最终于2019年12月27日作出裁定驳回了某信托公司的再审申请，支持了二审法院判决某信托公司赔偿投资者谭某50%的经济损失。

法院认为，该案中信托公司违反了五项义务。第一，违反信息披露义务；第二，违反通知义务；第三，违反风险提示义务，信托合同文本并未对杠杆比例、强制平仓等内容进行字体格式方面的特别提示，而认购风险申明书虽对风险进行了集中载明，但是在信托文件中位置并不显著；第四，违反了清算分配义务，信托合同约定，某信托公司应当在信托终止后10个工作日内编制信托财产清算报告，从某信托公司实际编制清算报告的时间来看，晚于约定时间；第五，管理信托财产存在不当，违反合同约定进行信托计划下的产品交易。

五、信保合作通道业务的监管要点

1. 通道业务的定义

根据《全国法院民商事审判工作会议纪要》第九十三条，当事人在信托文件中约定，委托人自主决定信托设立、信托财产运用对象、信托财产管理运用处分方式等事宜，自行承担信托资产的风险管理责任和相应风险损失，受托人仅提供必要的事务协助或者服务，不承担主动管理职责的，应当认定为通道业务。

2. 承担的责任

根据《关于保险资金投资有关金融产品的通知》（2022年），保险资产管理公司受托投资金融产品，应当承担尽职调查、风险评估、投资决策和实施、投后管理等主动管理责任。

3. 事务管理特征条款

① 信托设立之前的尽职调查由委托人或其指定的第三方自行负责。

② 委托人自主决定信托的设立、信托财产的运用、信托财产的管理和处分等事项。例如，在交易对手选择、信托财产运用、信托财产管理和处分等方面由委托人"指定""指令"或"授权"等。

③ 所有后续管理事项均由受益人大会决策后再由受托人执行。但是，受益人大会可以就可能导致实质风险的重大事项行使决定权，包括放宽放款条件、减轻交易对手责任、变更担保、启动担保、决定是否提前到期等。

④ 受托人仅承担账户管理、收益计提及分配等有限的事务性管理职责。

⑤ 信托期限届满时原状分配。但是，可以在合理的情况下由受益人大会决定处置方案。

4. 相关法律规定

① 保险资金不得投资单一资金信托。

② 集合资金信托单一保险资金不超过 50%。

③ 信托公司不得将主动管理责任让渡给投资顾问等第三方机构，不得为保险资金提供通道服务。

5. 处罚案例：信托通道业务判赔第一案——H 信托和吴某的财产损害赔偿纠纷

（1）案情简介

有限合伙企业将向原告吴某等募集的资金通过单一资金委托于信托公司开展通道业务，放款给甲公司。因有限合伙企业和公司甲、乙、丙均为犯罪嫌疑人陈某所控制，资金转移无法收回，吴某起诉信托公司，要求其承担赔偿责任。

（2）裁判结果

基于信托公司在事务管理型业务中的过失及其对损害后果发生的过错程度，酌情判令信托公司直接对投资人承担 20% 的损害赔偿责任。

（3）裁判要点分析

① 认可过渡期内通道业务的有效性。若无违反法律、行政法规强制性规定

的情形，则认定合同有效。

② 对信托资金来源无核查义务（本案中信托公司设立于 2013 年，法律法规并未规定该义务）。

③ 关于信托项目尽职调查。无义务对项目进行尽职调查，仅需提供事务管理服务（根据合同约定）。

④ 关于信托财产监管，依据信托文件的约定加以确信。即使是在通道业务中，信托公司也应当履行受托人最低限度的勤勉尽责义务。

⑤ 关于审慎经营原则。本案委托人资金系向社会公众非法集资，并非委托人的自有资金，甚至在募集期间有投资者直接向信托公司致电征询，然而信托公司既未对此采取必要防控措施，也未对社会投资者给予相应警示，违背审慎经营原则。

⑥ 关于合理注意义务。本案涉及信托通道业务，依据案涉信托合同约定，信托公司自身并无主动尽职调查的义务，但是信托公司出具了内容明显虚假的项目风险排查报告，该报告被犯罪分子利用以蒙骗投资者，信托公司违背合理注意义务。

⑦ 嵌套资管产品的上层产品"投资人"可以侵权为由直接要求底层信托公司承担损害赔偿责任。

六、保险资金投资资金信托计划的要求

根据《关于保险资金投资集合资金信托有关事项的通知》《关于保险资金投资有关金融产品的通知》的相关规定，保险资金投资资金信托计划有以下要求。

（1）完善的决策程序和授权机制

各项投资由董事会或者董事会授权机构逐项决策，并形成书面决议；配备独立的信托投资专业责任人，完善可追溯的责任追究机制；完善的投资业务流程、风险管理体系、内部管理制度；建立资产托管机制，资金管理规范透明。

（2）保险集团（控股）公司和保险公司上季度末综合偿付能力充足率不得低于120%。

（3）涉及关联交易的，应当合规、诚信和公允。

（4）保险机构投资基础资产为非标准化债权类资产的集合资金信托的，应当具备信用风险管理能力；投资基础资产为非上市权益类资产的集合资金信托的，应当按照穿透原则具备股权投资管理能力、不动产投资管理能力或股权投资计划产品管理能力、债权投资计划产品管理能力。

（5）单个委托人投资上限

除信用等级为AAA级的集合资金信托外，保险集团（控股）公司或保险公司投资同一集合资金信托投资金额，不得高于该产品实收信托规模的50%，保险集团（控股）公司、保险公司及其关联方投资同一资金信托的投资金额，合计不得高于该产品实收信托规模的80%。

（6）《关于保险资金投资集合资金信托有关事项的通知》的相关要求

① 具有完善的公司治理、良好的市场信誉和稳定的投资业绩，上年末经审计的净资产不低于30亿元；

② 近一年公司及高级管理人员未发生重大刑事案件，未受监管机构重大行政处罚。

《关于保险资金投资有关金融产品的通知》公司治理完善，市场信誉良好，经营审慎稳健，具有良好的投资业绩和守法合规记录。

（7）主动监管

保险资金不得将资金信托作为通道，资金信托应当由受托人自主管理，并承担产品设计、项目筛选、尽职调查、投资决策、实施及后续管理等主动管理责任，信托公司不得将主动管理责任让渡给投资顾问等第三方机构。根据《关于保险资金投资有关金融产品的通知》，保险资产管理公司受托投资金融产品，应当承担尽职调查、风险评估、投资决策和实施、投后管理等主动管理责任。

（8）投资范围

① 保险资金不得投资单一资金信托，不得投资结构化集合资金信托的劣后

级受益权。

② 基础资产限于非标准化债权资产、非上市权益类资产以及国家金融监督管理总局认可的其他资产。

（9）信用等级

对于基础资产为非标准化债权资产的信托计划，应聘请评级机构对信托计划进行评级，且信用等级不得低于 AA 级或者相当于 AA 级的信用级别。

（10）投资比例

根据《关于保险资金投资有关金融产品的通知》，集合资金信托纳入其他金融资产投资比例管理。其中，基础资产为非上市权益类资产的集合资金信托，应当同时纳入权益类资产或不动产类资产投资比例管理。

（11）风险管理

① 法律风险管理。由专业律师就投资行为、信托目的合法合规性以及投资者权益保护等内容出具相关意见。

② 投后管理。制定后续管理制度和风险处理预案；定期监测融资主体和项目的经营等情况；定期开展压力测试和情景分析；形成内部定期报告机制，全程跟踪信托投资风险。出现违约风险的，积极采取应对措施，制定整改方案，及时向国家金融监督管理总局报告。

③ 个人投资者参与的，须加强投资者适当性管理，确保其符合合格投资者标准，坚持产品风险等级与投资者风险承受能力相匹配的原则。

七、基础资产要求

基础资产限于融资类资产和风险可控的非上市权益类资产。其中，固定收益类的集合资金信托计划，信用等级不得低于国内信用评级机构评定的 A 级或者相当于 A 级的信用级别。不得投资单一信托，不得投资基础资产属于国家明令禁止行业或产业的信托计划。

八、特殊项目投资报告义务

保险机构投资集合资金信托计划，存在以下情形之一的，应当于投资后15个工作日内向国家金融监督管理总局报告。

① 信托公司募集资金未直接投向具体基础资产，存在两层或多层嵌套。

② 基础资产涉及的不动产等项目不在直辖市、省会城市、计划单列市等具有明显区位优势的地域，且融资主体或者担保主体信用等级低于AAA级。

③ 基础资产所属融资主体为县级政府融资平台，且融资主体或者担保主体信用等级低于AAA级。

④ 信托公司或基础资产所属融资主体与保险机构存在关联关系。

⑤ 投资结构化集合资金信托计划的劣后级受益权。

⑥ 国家金融监督管理总局认定的其他情形。

九、信托资产的分类

1. 传统分类

（1）融资类信托（对应"资管新规"分类下的固定收益类）

指具有债权债务关系的信托，这类信托一般有固定的收益来源、明确的抵押担保等，具体包括贷款类信托、债权投资信托、融资租赁信托等。

（2）投资类信托（对应"资管新规"分类下的权益类）

指具有股权关系的信托，具体包括证券投资信托、股权投资信托、权益投资信托等。

（3）事务管理类信托

没有明确定义，其意指既不负责资金募集、亦不负责寻找资产的一类信托，这类信托往往负责监管、结算、托管、清算、通道等事务性工作。其中事务管理类主要以规避投资范围、杠杆约束等监管要求的通道类业务为主。

《信托公司资金信托管理暂行办法（征求意见稿）》规定："结构化资金信

托优先级与劣后级的比例应当与基础资产的风险高低相匹配：

"① 固定收益类资金信托优先级与劣后级的比例不得超过三比一。

"② 权益类资金信托优先级与劣后级的比例不得超过一比一。

"③ 商品及金融衍生品类、混合类资金信托优先级与劣后级的比例不得超过二比一。

"结构化资金信托的中间级份额应当计入优先级。结构化资金信托不得再投资其他分级资产管理产品。"

2. 融资类、投资类信托定义

融资类是指以资金需求方的融资需求为驱动因素和业务起点，信托目的以寻求信托资产的固定回报为主，信托资产主要运用于信托设立前已事先指定的特定项目，信托公司在此类业务中主要承担向委托人、受益人推荐特定项目、向特定项目索取融资本金和利息的职责，包括信托贷款、带有回购/回购选择权或担保安排的股权融资、受让信贷或票据资产和准资产证券化等业务。

投资类是指以信托资产提供方的资产管理需求为驱动因素和业务起点，以实现信托财产的保值增值为主要目的，信托公司作为受托人主要发挥投资管理人功能，对信托财产进行投资运用的信托业务，如私募股权投资信托（PE）、证券投资信托（含私募证券投资信托等）。

3. 信托计划投资房地产项目的条件

① 房地产开发项目具备"四证"，即国有土地使用证、建设用地规划许可证、建设工程规划许可证、建筑工程施工许可证。

② 项目资本金比例达到国家最低要求。保障性住房和普通商品住房项目为20%，其他项目为25%。

③ 开发商或其控股股东具备二级资质（或一级资质）。房地产开发企业资质分为四个资质等级，以及暂定资质。

《关于加强信托公司房地产、证券业务监管有关问题的通知》中有："严禁向房地产开发企业发放流动资金贷款，严禁以购买房地产开发企业资产附回购承诺等方式变相发放流动资金贷款,不得向房地产开发企业发放用于缴交土地出让价款的贷款。要严格防范对建筑施工企业、集团公司等的流动资金贷款用于房地产开发。"《关于加强信托公司房地产信托业务监管有关问题的通知》中有:"信托公司不得以信托资金发放土地储备贷款。土地储备贷款是指向借款人发放的用于土地收购及土地前期开发、整理的贷款。"

4.信托资产的用途

根据融资主体的具体情况及信托贷款用途,分下述情形进行处理。

信托计划的融资主体具备房地产开发资质,且没有房地产开发业务收入,公司行业类型属于综合行业,信托资金用于日常营运资金补充及偿还金融机构流动资金借款,并未用于房地产开发业务。

信托计划的融资主体具备房地产开发资质,房地产开发业务在总营业收入中占比较低。信托资金用于置换银行流动资金贷款,应对贷款最终用途进行穿透核查。

十、保险资金投资信托产品的穿透核查

(一)法规导航

①《关于加强信托公司房地产信托业务监管有关问题的通知》;

②《关于支持信托公司创新发展有关问题的通知》;

③《国务院关于调整和完善固定资产投资项目资本金制度的通知》;

④《关于加强2013年地方政府融资平台贷款风险监管的指导意见》。

(二)保险投资信托产品穿透核查原则

穿透向上识别信托产品最终投资者,不得突破合格投资者各项规定。

穿透向下识别产品底层资产,资金最终投向应符合各类监管规定和合同约定,将相关信息向投资者充分披露。

(三)保险投资信托产品基础资产为房地产的核查要点

①信托公司发放贷款的房地产开发项目必须"四证"齐全。

② 项目资本金比例达到国家最低要求（房地产开发项目：保障性住房和普通商品住房项目维持 20% 不变，其他项目由 30% 调整为 25%）。

③ 开发商或其控股股东具备二级资质。

各行业固定资产投资项目的最低资本金比例如下。

① 城市和交通基础设施项目：城市轨道交通项目由 25% 调整为 20%，港口、沿海及内河航运、机场项目由 30% 调整为 25%，铁路、公路项目由 25% 调整为 20%。

② 产能过剩行业项目：钢铁、电解铝项目维持 40% 不变，水泥项目维持 35% 不变，煤炭、电石、铁合金、烧碱、焦炭、黄磷、多晶硅项目维持 30% 不变。

③ 其他工业项目：玉米深加工项目由 30% 调整为 20%，化肥（钾肥除外）项目维持 25% 不变。电力等其他项目维持 20% 不变。

④ 信托公司以结构化方式设计房地产集合资金信托计划的，其优先和劣后受益权的配比比例不得高于 3∶1。

⑤ 信托公司不得以信托资金发放土地储备贷款。土地储备贷款是指向借款人发放的用于土地收购及土地前期开发、整理的贷款。

（四）保险投资信托产品涉地方政府融资平台核查要点

地方政府融资平台是指由地方政府出资设立并承担连带还款责任的机关、事业、企业三类法人。

（1）政府融资平台实行"名单制"管理。

（2）符合条件的省级融资平台、保障性住房和国家重点在建续建项目的合理融资需求。

（3）融资平台新发放贷款必须满足 5 个前提条件：

① 现金流全覆盖；

② 抵押担保符合现行规定，不存在地方政府及所属事业单位、社会团体直接或间接担保，且存量贷款已在抵押担保、贷款期限、还款方式等方面整改合格；

③ 融资平台存量贷款中需要财政偿还的部分已纳入地方财政预算管理，并已落实预算资金来源；

④ 借款人为本地融资平台；

⑤ 资产负债率低于80%。

（4）地方政府融资平台（仍按平台管理类），新发放贷款的投向主要为五个方面：

① 符合《中华人民共和国公路法》的收费公路项目；

② 国务院审批或核准通过且资本金到位的重大项目；

③ 符合《关于加强土地储备与融资管理的通知》（国土资发〔2012〕162号）的要求，已列入国土资源部（今自然资源部）名录的土地储备机构的土地储备贷款；

④ 保障性安居工程建设项目；

⑤ 工程进度达到60%以上，且现金流测算达到全覆盖的在建项目。

第六节　债券投资合规与风险控制

一、法规导航

① 《关于调整保险资金投资债券信用评级要求等有关事项的通知》；

② 《关于加强保险资金投资债券使用外部信用评级监管的通知》。

二、保险资金投资债券的种类

债券是指依法在中华人民共和国境内发行的人民币债券和外币债券，包括政府债券、准政府债券、企业（公司）债券及符合规定的其他债券。

1. 政府债券

政府债券是指省（自治区、直辖市、计划单列市）以上政府财政部门或其代理机构，依法在境内发行的，以政府信用为基础并由财政支持的债券，包括中央政府债券和省级政府债券。

中央银行票据、财政部代理省级政府发行并代办兑付的债券，比照中央政府债券的投资规定执行。

2. 准政府债券

准政府债券是指经国务院或国务院有关部门批准，由特定机构发行的，信用水平与中央政府债券相当的债券。

以国家预算管理的中央政府性基金，作为还款来源或提供信用支持的债券，纳入准政府债券管理。政策性银行发行的金融债券和次级债券、国务院批准特定机构发行的特别机构债券，比照准政府债券的投资规定执行。

3. 企业（公司）债券

企业（公司）债券是指由企业（公司）依法合规发行，且不具备政府信用的债券，包括金融企业（公司）债券和非金融企业（公司）债券。

金融企业（公司）债券包括商业银行可转换债券、混合资本债券、次级债券以及金融债券，证券公司债券，保险公司可转换债券、混合资本债券、次级定期债券和公司债券，国际开发机构人民币债券以及国家金融监督管理总局规定的投资品种。

非金融企业（公司）债券包括非金融机构发行的企业债券，公司债券，中期票据、短期融资券、超短期融资券等非金融企业债务融资工具，可转换公司债券，以及国家金融监督管理总局规定的其他投资品种。

三、保险资金投资金融企业和非金融企业债券的要求

（一）保险资金投资的金融企业（公司）债券

1. 商业银行发行的金融企业（公司）债券

应当具有国内信用评级机构评定的 A 级或者相当于 A 级以上的长期信用级别。其发行人除符合有关部门的有关规定外，还应当符合下列条件：

① 最新经审计的净资产，不低于 100 亿元；

② 核心资本充足率不低于 6%；

③ 国内信用评级机构评定的 A 级或者相当于 A 级以上的长期信用级别；

④ 境外上市并免于国内信用评级的，国际信用评级机构评定的 BB 级或者相当于 BB 级以上的长期信用级别。

保险资金投资的商业银行混合资本债券，除符合上述规定外，应当具有国内信用评级机构评定的 AA 级或者相当于 AA 级以上的长期信用级别，其发行人总资产不低于 2,000 亿元。商业银行混合资本债券纳入无担保非金融企业（公司）债券管理。

2. 证券公司债券

应当公开发行，且具有国内信用评级机构评定的 AA 级或者相当于 AA 级以上的长期信用级别。其发行人除符合中国证监会的有关规定外，还应当符合下列条件：

① 最新经审计的净资本，不低于 20 亿元；

② 国内信用评级评定的 AA 级或者相当于 AA 级以上的长期信用级别；

③ 境外上市并免于国内信用评级的，国际信用评级机构评定的 BBB 级或者相当于 BBB 级以上的长期信用级别。

3. 保险公司可转换债券、混合资本债券、次级定期债券和公司债券

应当是保险公司按照相关规定，经国家金融监督管理总局和有关部门批准发行的债券。

4. 国际开发机构人民币债券

其发行人除符合国家有关规定外，还应当符合下列条件：

① 最新经审计的净资产，不低于 50 亿美元；

② 国内信用评级机构评定的 AA 级或者相当于 AA 级以上的长期信用级别；

③ 免于国内信用评级的，国际信用评级机构评定的 BBB 级或者相当于 BBB 级以上的长期信用级别。

（二）保险资金投资的非金融企业（公司）债券

其发行人除符合有关部门的规定外，还应当符合下列条件：

① 最新经审计的净资产，不低于 20 亿元；

② 国内信用评级机构评定的 A 级或者相当于 A 级以上的长期信用级别；

③ 境外上市并免于国内信用评级的，国际信用评级机构评定的 BB 级或者相当于 BB 级以上的长期信用级别。

1. 有担保非金融企业（公司）债券

具有国内信用评级机构评定的 AA 级或者相当于 AA 级以上的长期信用级别，其担保符合下列条件。

① 以保证方式提供担保的，应当为本息全额无条件不可撤销连带责任保证担保，且担保人资信不低于发行人的信用级别。

② 以抵押或质押方式提供担保的，担保财产应当权属清晰。未被设定其他担保或者采取保全措施的，经有资格的资产评估机构评估的担保财产，其价值不低于担保金额，且担保行为已经履行必要的法律程序。

③ 担保金额应当持续不低于债券待偿还本息总额。

2. 无担保非金融企业（公司）债券

具有国内信用评级机构评定的 AA 级或者相当于 AA 级以上的长期信用级别。其中，短期融资券具有国内信用评级机构评定的 A-1 级。

有担保非金融企业（公司）债券的担保，不完全符合规定的，纳入无担保非金融企业（公司）债券管理。

3. 保险资金投资的无担保非金融企业（公司）债券

应当采用公开招标发行方式或者簿记建档发行方式。其中，簿记建档发行方式应当满足下列条件。

① 发行前，发行人应当详细披露建档规则。

② 簿记建档应当具有符合安全保密要求的簿记场所。

③ 簿记建档期间，簿记管理人应当指派专门人员值守并维持秩序；现场人员不得对外泄露相关信息。

④簿记管理人应当妥善保管有关资料，不得泄露或者对外披露。

4.保险资金投资的企业（公司）债券

按照规定免于信用评级要求的，其发行人应当具有不低于该债券评级规定的信用级别。

保险公司投资或者专业投资管理机构受托投资债券，应当充分关注发行人还款来源的及时性和充分性；投资有担保企业（公司）债券，应当关注担保效力的真实性和有效性。

保险公司上季度末偿付能力充足率低于120%的，不得投资无担保非金融企业（公司）债券；已经持有上述债券的，不得继续增持并适时减持。上季度末偿付能力处于120%～150%的，应当及时调整投资策略，严格控制投资无担保非金融企业（公司）债券的品种和比例。

四、外部信用评级机构

根据《关于加强保险资金投资债券使用外部信用评级监管的通知》的规定，经国家金融监督管理总局认可备案的外部信用评级机构可以对保险资金投资债券业务进行评级。

国家金融监督管理总局公布备案的8家外部信用评级机构为：大公国际资信评估有限公司、东方金诚国际信用评估有限公司、联合信用评级有限公司、联合资信评估有限公司、上海新世纪资信评估投资服务有限公司、中诚信国际信用评级有限责任公司、中诚信证券评估有限公司、中债资信评估有限责任公司。

五、保险机构确定债券信用等级的原则

① 担保债券：含有抵押、质押、信用保证等增信条件，本金和利息清偿顺序先于普通债券，其信用等级可能高于发债主体信用等级。

② 普通债券：不含任何增信条件，本金和利息清偿顺序优于次级债券和混合资本，其信用等级一般等同于发债主体信用等级。

③ 次级债券：本金和利息清偿顺序列于公司普通债务之后、优于混合资本和股权资本，其信用等级一般低于发债主体信用等级。

④ 混合资本债券：符合一定条件时，本金和利息可以延期支付，清偿顺序列于次级债券之后，优于股权资本，其信用等级一般低于发债主体信用等级，且低于次级债券信用等级。

⑤ 第三方机构为发债主体提供全部或部分债务担保的，该债券的信用等级最高可以等同于保证方信用等级。

⑥ 债券含有抵押、质押、信用保证等增信条件的，应当评估抵押物和质押物的市场价值、流动性、抵押和质押比例，评估担保人的信用状况、承诺条件以及偿付及时性。

⑦ 保险机构应当根据审慎原则，对增信作用设置一定限制，控制增信债券信用等级上调级别。

六、一般工商企业和商业银行主要评级方法

（一）一般工商企业主要评级方法

1. 一般工商企业个体评估要素

一般工商企业个体评估要素主要包括经营风险和财务风险。

经营风险主要考察宏观环境、行业状况、周边经济环境、管理层素质，受评对象经营情况。宏观环境包括经济环境、产业政策、法律制度等。行业状况包括行业特征、竞争状况、生命周期等。管理层素质包括历史业绩、经营战略、财务政策、经营效率、竞争地位等。

财务风险主要考察财务报告质量、盈利能力、偿债能力、资本结构、财务弹性。财务报告质量涉及会计政策、数据真实性、信息披露、注册会计师意见等。

2.一般工商企业基本财务指标

一般工商企业基本财务指标主要包括盈利能力、运营效率、资本结构、现金流状况、流动性、付息能力等。

（1）盈利能力指标

① 主营业务利润率 = 主营业务利润 / 主营业务收入

② 销售净利率 = 净利润 / 主营业务收入

③ 净资产收益率 = 净利润 / 平均净资产

④ 资产收益率 = 净利润 / 平均总资产，或者资产收益率 =（利润总额 + 利息支出）/ 平均总资产

⑤ 资本回报率 =（利润总额 + 利息支出）/ 平均总资本

其中，资本 = 少数股东权益 + 所有者权益 + 短期借款 + 一年内到期的长期负债 + 长期借款 + 应付债券。

（2）运营效率指标

① 总资产周转率 = 主营业务收入 / 平均总资产

② 固定资产周转率 = 主营业务收入 / 平均固定资产

③ 应收账款周转率 = 主营业务收入 / 平均应收账款

④ 存货周转率 = 主营业务成本 / 平均存货

（3）资本结构指标

① 资产负债率 = 负债总额 / 总资产

② 总付息债务 / 资本

其中：总付息债务 = 短期付息债务 + 长期付息债务；短期付息债务 = 短期借款 + 一年内到期的长期负债；长期付息债务 = 长期借款 + 应付债券。

③ 长期付息债务 / 总付息债务

④ 流动资产 / 资产

⑤ 固定资产 / 资产

（4）现金流指标

① 现金负债总额比 = 经营性现金流量净额 / 负债总额

② 现金流动负债比＝经营性现金流量净额／流动负债

③ 经营性现金流量净额／总付息债务

④ 经营性现金流量净额／短期付息债务

⑤ 经营性现金流量净额／购建固定资产等长期资产所支付的现金

（5）流动性指标

① 流动比率＝流动资产／流动负债

② 速动比率＝（流动资产－存货等）／流动负债

③ 货币资金／短期付息债务

（6）付息能力指标

① 息税前利润利息倍数＝（利润总额＋利息支出）／利息支出

② EBITDA 利息倍数＝（利润总额＋利息支出＋折旧＋摊销）／利息支出

③ 现金利息倍数＝经营性现金流量净额／利息支出

（二）商业银行主要评级方法

1. 商业银行个体评估要素

主要包括影响银行信用质量的外部环境、运营因素、管理风险和财务实力等。

银行外部环境评估，主要考察经济环境、监管环境和行业环境，掌握银行业和受评银行的利润波动与风险状况。经济环境包括经济周期、产业政策、地区经济状况等。监管环境包括货币政策、利率政策、外汇政策、监管政策等。行业环境包括行业特征、竞争环境等。

银行运营因素评估，主要考察公司治理、管理战略、竞争地位等，评估受评银行内部运营状况及其信用质量。公司治理包括基本结构、决策机制、执行机制、监督机制、激励约束机制等。管理战略包括管理层素质、风险偏好等。

银行管理风险评估，主要考察受评银行信用风险、市场风险、流动性风险、经营决策风险、操作风险等管理能力，评估受评银行安全性等。

银行财务实力评估，主要考察受评银行盈利能力、资产质量、资产流动性及资本充足性等。

2.商业银行基本财务指标

主要包括资产和存贷款规模、盈利能力、流动性、资产质量、资本充足性等。

(1) 盈利能力指标

① 净资产收益率 = 净利润 / 平均净资产

② 拨备前资产收益率 = 拨备前净营业利润 / 平均总资产

③ 资产收益率 = 净利润 / 平均总资产

④ 资产费用率 = 营业费用 / 平均总资产

其中，拨备前净营业利润 = 营业收入 - 营业支出 - 营业费用 + 投资净收益 - 营业税金及附加。

(2) 流动性指标

① 流动比率 = 流动资产 / 流动负债

② 超额准备金率 = (在中国人民银行超额备付金存款 + 库存现金) / 各项存款余额

③ 存贷款比例 = 各项贷款余额 (不含贴现) / 各项存款余额

④ 中长期贷款比率 = 中长期贷款余额 / 中长期存款余额

⑤ 净拆借资金比率 = (拆入资金余额 - 拆出资金余额) / 各项存款余额

⑥ 关联方贷款比率 = 全部关联方贷款余额 / (资本 - 扣除项)

(3) 资产质量指标

① 不良贷款率 = (次级类贷款 + 可疑类贷款 + 损失类贷款) / 贷款余额

② 拨备覆盖率 = (一般准备 + 专项准备 + 特种准备) / (次级类贷款 + 可疑类贷款 + 损失类贷款)

③ 最大单一客户贷款比例 = 最大一家客户贷款余额 / (资本 - 扣除项)

④ 最大十家客户贷款比例 = 最大十家客户贷款余额 / (资本 - 扣除项)

⑤ 非信贷资产损失率 = 非信贷资产损失额 / 非信贷资产余额

(4) 资本充足性指标

① 资本充足率 = (资本 - 扣除项) / (风险加权资产 +13.5 倍的市场风险资本)

② 核心资本充足率=（核心资本－核心资本扣除项）/（风险加权资产+13.5 倍的市场风险资本）

③ 资本资产比例=净资产/总资产

第七节　股票投资合规与风险控制

一、法规导航

① 《保险机构投资者股票投资管理暂行办法》；

② 《关于印发〈保险公司股票资产托管指引（试行）〉的通知》；

③ 《关于保险资金股票投资有关问题的通知》；

④ 《关于保险资金投资优先股有关事项的通知》；

⑤ 《关于保险资金投资创业板上市公司股票等有关问题的通知》；

⑥ 《关于进一步加强保险资金股票投资监管有关事项的通知》。

二、保险资金投资股票的分类

保险机构或保险机构与非保险一致行动人投资上市公司股票，分为一般股票投资、重大股票投资和上市公司收购三种情形，国家金融监督管理总局根据不同情形实施差别监管。保险机构应当遵循财务投资为主的原则，开展上市公司股票投资。

一般股票投资，是指保险机构或保险机构与非保险一致行动人投资上市公司股票比例低于上市公司总股本 20%，且未拥有上市公司控制权的股票投资行为。

重大股票投资，是指保险机构或保险机构与非保险一致行动人持有上市公司股票比例达到或超过上市公司总股本20%，且未拥有上市公司控制权的股票投资行为。

上市公司收购，包括通过取得股份的方式成为上市公司的控股股东，或者通过投资关系、协议、其他安排的途径成为上市公司的实际控制人，或者同时采取上述方式和途径拥有上市公司控制权。

三、保险资金投资股票的监管要求

保险机构开展一般股票投资的，上季末综合偿付能力充足率应当不低于100%；开展重大股票投资和上市公司收购的，上季末综合偿付能力充足率应当不低于150%，且已完成股票投资管理能力备案，符合有关保险资金运用内部控制的监管要求。

保险机构可以使用保险资金投资上市公司股票，自主选择上市公司所属行业范围，但应当根据资金来源、成本和期限，合理选择投资标的，加强资产负债匹配管理，服务保险主营业务发展。

保险机构收购上市公司，应当使用自有资金。保险机构不得与非保险一致行动人共同收购上市公司，不得以投资的股票资产抵押融资用于上市公司股票投资。

保险机构与非保险一致行动人共同开展重大股票投资，经备案后继续投资该上市公司股票的，新增投资部分应当使用自有资金。

保险机构开展一般股票投资发生举牌行为的，应当按照证券监管法规要求及时披露相关信息，并在信息披露义务人发布公告后5个工作日内，向国家金融监督管理总局提交包括投资研究、内部决策、后续投资计划、风险管理措施等要素的报告。

保险机构应当在达到重大股票投资标准且按照证券监管法规要求，信息披露义务人公告后5个工作日内，向国家金融监督管理总局报送《关于进一步加强保险资金股票投资监管有关事项的通知》（2017年）第四条规定材料及以下内容的备案材料：

① 投资资金来源、后续投资方案、持有期限、合规报告、后续管理方案等；

② 符合保险资金运用内部控制监管要求的自查报告，涉及本次投资的董事会或投资决策委员会决议纪要等材料；

③ 按照《保险公司资金运用信息披露准则第 3 号：举牌上市公司股票》进行信息披露的基本情况；

④ 国家金融监督管理总局基于审慎监管原则要求提交的其他材料。

国家金融监督管理总局严格限制保险机构收购上市公司行为。保险机构收购上市公司的，应当在事前向国家金融监督管理总局申请核准。

保险机构收购上市公司的行业限于保险类企业、非保险金融企业和与保险业务相关、符合国家产业政策、具备稳定现金流回报预期的行业，不得开展高污染、高能耗、未达到国家节能和环保标准、技术附加值较低的上市公司收购。

保险机构应当加强资产负债管理和风险限额管理，防范股票投资集中度风险和市场风险。保险机构投资权益类资产的账面余额，合计不高于本公司上季末总资产的 30%。除上市公司收购及投资上市商业银行股票另有规定情形外，保险机构投资单一股票的账面余额，不得高于本公司上季末总资产的 5%。对于已经运用相关政策增持蓝筹股票的保险机构，应在 2 年内或相关监管机构规定的期限内调整投资比例，直至满足监管规定的比例要求。

保险集团（控股）公司、保险公司投资的创业板上市公司股票，不得存在以下情形：

① 上市公司已披露正在接受监管部门调查或者最近一年度内受到监管部门处罚的；

② 最近一年度内被交易所公开谴责的；

③ 上市公司最近一年度内财务报表被会计师事务所出具保留意见、否定意见或无法表示意见的；

④ 存在被人为操纵嫌疑的；

⑤ 国家金融监督管理总局规定的其他情形。

四、国家金融监督管理总局对违规投资股票的监管措施

国家金融监督管理总局对保险机构提交的事后备案材料进行审查，并在要件齐备后 15 个工作日内反馈备案意见；属于事前核准事项的，按照规定时间出具核准意见。保险机构在获得备案意见或书面核准文件前，不得继续增持该上市公司股票。

国家金融监督管理总局认定保险机构不符合重大股票投资备案要求或者不予核准的，有权责令保险机构在规定期限内，按照国家金融监督管理总局及有关监管机构的规定进行整改。

国家金融监督管理总局对违反保险资金运用监管政策开展股票投资的保险机构，可以采取限制股票投资比例、暂停或取消股票投资能力备案等监管措施。

保险机构与非保险一致行动人共同开展股票投资发生举牌行为的，国家金融监督管理总局除要求保险机构按照规定及时披露信息并提交报告外，还可以根据偿付能力充足率、分类监管评价结果、压力测试结果等指标采取以下一项或多项监管措施：

① 要求保险机构报告与非保险一致行动人之间其他涉及保险资金往来的活动；

② 要求保险机构报告非保险一致行动人以保险机构股权或股票向银行或其他机构质押融资情况，以及融资方符合保险机构合格股东资质的情况；

③ 暂停保险机构资金最终流向非保险一致行动人的股权、不动产等直接投资，以及开展上述资金流向的债权计划、股权计划、资产管理计划或其他金融

产品投资；

④ 国家金融监督管理总局基于审慎监管原则采取的其他措施。

保险机构与非保险一致行动人共同开展重大股票投资的，应当由保险机构提交包含本公司及非保险一致行动人相关信息的备案报告。

第八节　保险资金参与长租市场合规与风险控制

一、法规导航

① 《关于保险资金参与长租市场有关事项的通知》；
② 《关于印发〈保险资金投资不动产暂行办法〉的通知》。

二、保险资金参与长租市场的方式

① 保险公司通过直接投资；
② 保险资产管理机构通过发起设立债权投资计划、股权投资计划、资产支持计划、保险私募基金参与长租市场。

三、保险资金投资长期租赁住房项目应当满足的条件

① 具有良好的经济和社会效益，具备稳定的当期或预期现金流。
② 处于北京、上海、雄安新区以及人口净流入的大中试点城市。土地性质为集体建设用地的，应处于集体建设用地建设租赁住房试点城市。
③ 产权清晰，无权属争议及受限情形。
④ 土地出让合同或土地使用权证载明土地及地上建筑物仅用于租赁住房，

不得转让。

⑤履行了立项、规划、建设、竣工验收及运营管理等阶段所必需的审批程序，或者履行了项目建设阶段所必需的审批程序。

四、保险资产管理机构发起设立投资于长期租赁住房项目的债权投资计划、股权投资计划等保险资产管理产品及保险私募基金应符合的条件

采用债权投资计划方式的，融资主体自有现金流占其全部应还债务本息的比例为100%（含）以上；采用股权投资计划及保险私募基金方式的，拟投项目公司的核心资产为租赁住房项目，项目公司股权不得为第三方提供质押，并设置有效的退出机制。

五、保险资金投资长租市场风控措施

保险机构投资长期租赁住房项目，应当要求融资主体与项目主体加强项目建设阶段管理，按照工程进度划拨资金，并与融资主体、项目主体、托管银行签订多方账户监管合同或协议，明确各方实行资金专户管理，督促开户银行和托管银行实行资金进出的全程监控，严格审查资金支付及对价取得等事项，确保资金封闭运行，专项用于所投资的租赁住房项目建设或改造升级，不得挪作他用。

保险公司应当遵循审慎稳健和安全性原则，综合考虑自身资产负债状况、偿付能力状况和流动性要求，制定长期租赁住房项目的投资预算，并纳入年度资产配置计划。

保险机构应当建立相应的专属岗位，负责投资期内各个长租住房项目的投后管理，并建立全程管理制度，在负债控制、款项支付、工程进展、租金回款、资产抵押等方面采取有效的风控措施，控制投资风险。

第九节　保险资金投资组合类资管产品合规与风险控制

一、组合类资管产品

组合类保险资产管理产品是保险资产管理机构面向合格投资者非公开发行、以组合方式进行投资运作的保险资产管理产品。

二、开展组合类产品服务的条件

① 具有一年（含）以上受托投资经验。
② 具备信用风险管理能力、股票投资管理能力和衍生品运用管理能力。
③ 明确 2 名业务风险责任人，包括行政责任人和专业责任人，其履职要求等参照国家金融监督管理总局相关规定执行。
④ 设立专门的组合类产品业务管理部门或专业团队，且该部门或专业团队人员不少于 5 名，其中产品研发设计和管理等相关人员应当具备必要的专业知识、行业经验和管理能力。
⑤ 建立健全组合类产品业务制度，明确产品设计、投资决策、授权管理等相关流程，制定并实施相应的风险管理政策和程序。
⑥ 最近三年无重大违法违规行为，设立未满三年的，自其成立之日起无重大违法违规行为。
⑦ 国家金融监督管理总局要求的其他条件。

三、组合类产品投资范围及负面清单

1. 投资范围
① 银行存款、大额存单、同业存单；

② 债券等标准化债权类资产；

③ 上市或挂牌交易的股票；

④ 公募证券投资基金；

⑤ 保险资产管理产品；

⑥ 资产支持计划和保险私募基金；

⑦ 国家金融监督管理总局认可的其他资产。

2. 负面清单

保险资金投资的组合类产品，应当符合保险资金运用的相关规定。

非保险资金投资的组合类产品投资范围由合同约定，应当符合《保险资产管理产品管理暂行办法》的相关规定。组合类产品参与衍生品交易，仅限于对冲或规避风险，不得用于投机目的。

四、投资限制

同一保险资产管理机构管理的全部组合类产品投资于非标准化债权类资产的余额，在任何时点不得超过其管理的全部组合类产品净资产的35%。

五、禁止行为

① 让渡主动管理职责，为其他机构或个人提供规避监管要求的通道服务。

② 开展或参与具有滚动发行、集合运作、分离定价特征的资金池业务。

③ 违反真实公允确定净值原则，按照事先约定的预期收益率向投资者兑付本金及收益，或对产品进行保本保收益等构成实质上刚性兑付的行为。

④ 分级组合类产品投资于其他分级资产管理产品，或者直接或间接对优先级份额投资者提供保本保收益安排。

⑤ 以投资顾问形式进行转委托，转委托按实质重于形式的原则认定。

⑥ 以任何形式进行违规关联交易、利益输送、内幕交易或不公平交易。

⑦ 法律、行政法规以及国家金融监督管理总局规定禁止的其他行为。

第三章
保险资金运用——尽职调查要点与法律意见范例

保险资金投资的尽职调查是保证投资安全的重要基础，除了需要按照保险投资的相关规定进行合规性审查外，对于投资金融机构发起的金融产品，不能仅以书面审查进行判断，还应当在初步判断具有投资价值的和符合保险投资的基本条件的基础上，通过现场核查、访谈印证投资标的是否与书面资料吻合，对于基础资产作必要的穿透核查，论证是否有潜在的法律风险。

对于保险资金直接投资的股权类、不动产类、基础设施项目，包括 PPP 项目，要聘请专业的机构进行法律和财务的尽职调查。

保险投资专业人士在投资过程中，除了借助专业服务机构的尽职调查外，也应当掌握一些基本的查询方式，便于在项目初期进行风险判断。

第一节 尽职调查互联网核查要点

保险投资机构除了聘请专业的中介机构如律师事务所、会计师事务所对项目进行尽职调查外，通常在与项目方达成初步投资意向后先行委派公司内部项目团队进行初步的尽职调查，项目团队在开展尽职调查时需要借助互联网公信平台核查项目公司的基本情况，以便于交叉验证尽职调查的准确性，及时发现项目存在的潜在风险，为保险资金最终投资提供决策依据。

互联网公信平台具体信息详见表3-1。

表 3-1 互联网公信平台

类别	序号	网站名称	查询事项
主体信息查询	1	国家企业信用信息公示系统及APP	可查询全国及各省企业的工商登记信息，具体包括企业基本信息（营业执照上的全部内容）、股东及其出资、董监高成员、分支机构、动产抵押登记信息、股权出质登记信息、行政处罚信息、经营异常信息、严重违法信息等
	2	巨潮资讯网	中国证监会指定的信息披露网站，可查询上交所、深交所上市的公司基本情况，包括股本及董监高、十大股东基本情况、公司披露的公告等
	3	上海证券交易所	可以查询上交所上市公司披露的信息，包括但不限于招股说明书、法律意见、年度报告、董事会、股东大会决议等信息
	4	北京证券交易所	可查询北交所上市公司披露的信息，包括但不限于招股说明书、法律意见、年度报告、董事会、股东大会决议等信息
	5	深圳证券交易所	可查询深交所上市公司披露的信息，包括但不限于招股说明书、法律意见、年度报告、董事会、股东大会决议等信息
	6	中国证监会	可以查询中国证监会最新发布的法规、政策及其解读、IPO及并购重组预先披露信息、核准信息等
	7	全国中小企业股份转让系统	可查询新三板挂牌企业的公告，以及预披露待审核公司的信息，新三板企业的重大事项公告、转让信息、财务信息以及新三板相关法律法规、政策资讯等
	8	香港联交所	可以查询香港上市公司披露的信息，包括但不限于招股说明书、法律意见、年度报告、董事会、股东大会决议等信息
	9	纳斯达克	可以查询纳斯达克上市公司信息，包括招股书、法律意见、重大合同等披露的信息
	10	美国证监会	可以查询美国上市公司公告信息，包括招股书、法律意见书等公开资料
	11	香港公司网上查册中心	可以查询在香港注册公司的基本登记信息，可以通过网上付费查询电子版
	12	全国建筑市场监督与诚信信息发布平台	可以查询建筑相关企业信息、注册人员信息及工程项目信息等
	13	住房和城乡建设部建筑业单位资质查询	建筑业资质查询，包括设计、勘察、造价、监理、建筑、房产开发等资质信息的查询

续表

类别	序号	网站名称	查询事项
主体信息查询	14	中国证券投资基金业协会	可以查询股权投资基金等证券投资基金的基金管理人及基金的备案信息
	15	私募基金管理人公示平台及私募汇APP	可以查询私募基金管理人登记的实时基本情况以及违规公示情况
涉诉信息查询	1	中华人民共和国裁判文书网	可以查询2014年1月1日起除涉及国家秘密、个人隐私、未成年人犯罪、调解结案以外案件的判决文书
	2	全国法院被执行人信息查询系统	可以查询2007年1月1日以后新收及此前未结的执行实施案件的被执行人信息
	3	全国法院失信被执行人名单信息查询系统	可以查询2013年10月24日起不履行或未全部履行被执行义务的被执行人的履行情况、执行法院、执行依据文书及失信被执行人行为的具体情形等内容
	4	中华人民共和国法院网"公告查询"	可以查询全国范围内法院案件审理公告信息
	5	人民法院诉讼资产网	可以查询全国范围内法院正在执行拍卖的资产情况
	6	淘宝司法拍卖	可以检索全国法院通过淘宝司法拍卖方式进行财产拍卖的信息
财产信息查询	1	中华人民共和国土地市场网	可以查询全国范围内的供地计划、出让公告、企业购地情况等信息
	2	自然资源部"土地市场查询"	可以查询土地招标、拍卖、挂牌信息以及全国范围内土地抵押、转让、出租等信息,还可以查询全国范围内的供地计划等
	3	中华人民共和国知识产权网	可以查询公司专利申请情况及专利法律状态
	4	中华人民共和国知识产权局专利检索网	可以查询公司专利申请情况及专利法律状态
	5	市场监督管理总局商标局"中华人民共和国商标网"	可以查询商标注册信息,包括注册商标信息及申请商标信息。同时可以进行商标相同或近似信息查询、商标综合信息查询和商标审查状态信息查询
	6	中华人民共和国版权保护中心"计算机软件著作权登记公告"	可以查询计算机软件著作权的登记情况、著作权人、撤销情况、质押情况等信息

续表

类别	序号	网站名称	查询事项
财产信息查询	7	信息产业部ICP/IP地址信息备案管理系统	可以通过网站名称、域名、网站首页网址、许可号、网站IP地址、主办单位等查询已经备案的网站或域名的所有人信息等情况
	8	世界知识产权组织	可以查询加入WTO的所有国家专利、商标注册法律状态
	9	农业农村部植物新品种保护办公室	可以查询植物新品种权
	10	工业和信息化部官方网站	可以查询企业网站备案，以及电信增值业务许可
	11	人民法院诉讼资产网	可以查询涉诉财产情况
	12	淘宝司法拍卖	可以查询处于网上拍卖状态的涉诉财产情况
投融资信息查询	1	中国人民银行征信中心	可以查询企业应收账款质押和转让登记信息，具体包括质权人名称、登记到期日、担保金额及期限等
	2	中华人民共和国银行间市场交易商协会	可以查询DCM注册相关信息，包括超短期融资券（SCP）、中小企业集合票据（SMECN）、短期融资券（CP）、中期票据（MTN）、定向工具（PPN）企业的融资情况
信用查询	1	信用中国	企业不良信用记录查询

第二节 股权、债权投资尽职调查要点

表3-2 股权、债权投资尽职调查要点

序号	项目	已提供	待提供	无资料信息
1. 公司基本情况和历史沿革				
1.1	公司设立至今历次批准证书、相关批复、营业执照、公司章程等			

续表

序号	项目	已提供	待提供	无资料信息
1.2	公司设立至今历次出资、增资所涉及的出资协议（或股东协议、发起人协议）、增资协议、验资报告（出资银行进账单）、出资凭证、董事会或股东会决议、评估报告及相关主管部门的批复等			
1.3	公司设立至今历次股权转让所涉及的股权转让协议、验资报告（出资银行进账单）、董事会或股东会决议、资产评估报告、相关主管部门批复、股权转让款支付凭证等			
1.4	公司设立至今已取得的相关业务资质、业务许可证、生产许可证以及应获未获得的其他相关业务资质情况说明			
1.5	公司历次经营范围变更、地址变更、法定代表人变更及其他事项变更的内部决议、主管机关批文及其他工商变更登记材料等			
1.6	公司合并、分立、减少注册资本及其他股权变更所涉及的相关内部决议、协议、主管机关批文、验资报告（出资银行进账单）、评估报告、产权证书及其他工商登记资料等			
1.7	公司股权是否存在代持情形，如有请提供代持协议及其他相关法律文件			
1.8	公司设立以来历次董事会、监事会及股东会决议文件			
1.9	公司控股股东及实际控制人情况说明			
1.10	公司股权结构图（披露至终极自然人控股股东）			
1.11	公司内部组织结构图			
1.12	公司实际控制人及主要股东(持股5%以上股东)基本信息。其中，法人股东请提供包括但不限于历史沿革书面说明、设立时间、现时股本结构及历次股本结构变动情况、营业执照、公司章程以及历次增资或股权转让所涉及的协议、内部决议、验资报告、评估报告、主管机关批复、登记等资料；自然人股东请提供股东姓名、性别、国籍、电话、联系地址等信息			

续表

序号	项目	已提供	待提供	无资料信息
1.13	公司实际控制人及主要股东（持股5%以上股东）控股的其他企业的营业执照和公司章程等基本资料			
1.14	公司或其控股子公司拟进行私募的有关框架性协议、投资合同、股东协议等法律文件			
1.15	公司控股股东及其关联公司的全部历史沿革资料，包括但不限于公司设立至今全部注册登记证书、年检证书、股东名册、董事名册、章程，历次出资、增资所涉及的出资协议（或股东协议、发起人协议、股权转让协议）、增资协议、出资凭证、董事会或股东会决议等法律文件			
2. 公司对外投资情况及资产变化				
2.1	公司对外投资清单（包括公司名称、注册资本、持股比例、控股情况、法定代表人等）			
2.2	公司所有控股子公司相关资料，包括但不限于企业法人营业执照、增资及股权转让协议、相关主管机关批准证书、业务资质及业务许可证、公司章程、验资报告、评估报告、审计报告、税务登记证、重大资产情况、重大业务合同、行政处罚决定（如有）、诉讼文书等（控股子公司应参照本清单中对公司的要求提供资料）			
2.3	公司所有参股子公司营业执照、公司章程、验资报告及其他股权变更资料			
2.4	公司历次重大资产（包括土地、房产、设备、股权等）收购或处置的内部决议、收购或处置协议、资产评估报告及确认文件、相关主管机关批复、交割手续（如有）等			
3. 公司土地、房产资产				
3.1	公司是否有使用国有划拨用地或集体用地情形，如有请说明使用情况并提供相关批准文件			
3.2	公司出让用地之土地出让批准文件、合同和国有土地使用证			
3.3	公司土地使用费和土地出让金交纳凭证			

续表

序号	项目	已提供	待提供	无资料信息
3.4	公司转让土地之批准文件、合同和国有土地使用证			
3.5	公司房屋所有权权属凭证			
3.6	公司房产转让协议及相关付款情况说明			
3.7	公司房产抵押协议及该抵押对应的主合同			
3.8	公司房产租赁合同、承租房屋的产权证明以及相关租赁（备案）登记文件			
3.9	公司房产有无被采取查封、冻结等强制措施等情况			
4. 公司知识产权资产				
4.1	公司拥有的所有商标、服务标识、专利、专有技术、域名和其他知识产权清单（包括正在申请中的）及相应权属证书			
4.2	上述所列知识产权资产购买、转让、使用许可等协议及相关公告和登记备案等有关文件			
4.3	公司相关技术开发、技术转让、技术咨询和技术服务协议			
5. 公司其他资产				
5.1	公司主要设备资产清单和相关资产评估文件			
5.2	如公司股东以实物资产或其他非现金资产作价出资的，请提供此类资产完备的权属证书			
5.3	公司关键生产经营设备合法取得的文件及相关权属证明（如设备购买合同及发票等法律文件，以分期付款购买、信贷、租赁等方式拥有或使用设备的相关合同文件，车辆行驶证）（参见表3-3）			
5.4	公司关键生产经营设备设置抵押、质押、留置等担保事项的合同、协议等相关文件			
5.5	相关机构对公司关键生产经营设备进行冻结、查封等影响或可能影响该设备所有权或正常使用的政府文件、行政决定、通知、判决书、仲裁裁决或其他行政复议裁定			

续表

序号	项目	已提供	待提供	无资料信息
5.6	公司持有其他企业股份或资产的权属证明文件			
5.7	公司与其持股企业经营性与非经营性往来的情况（联营、借款、担保及反担保等安排）			
6.公司债权债务				
6.1	公司债权债务资产清单（如银行借款、委托贷款等）及相关贷款协议等法律文件（参见表3-4）			
6.2	公司应付、应收账款明细及其形成的详细书面说明			
6.3	公司对外担保（抵押、质押等）负债清单及所有相关合同等文件			
6.4	公司其他重大融资文件，包括融资租赁、经营租赁、销售后立即返租的安排以及分期付款购买安排等			
6.5	公司是否存在为他人代偿债务或代垫款项的情况			
6.6	未列入资产负债表的其他任何负债及/或有负债情况及相关法律文件			
7.公司重要合同				
7.1	公司已履行完毕或正在履行的重大合同清单（包括签约方、合同名称、标的金额等主要情况说明）及相关合同文本			
8.违约和诉讼				
8.1	所有与公司或其资产有关的尚未审结或审结但未执行完毕或虽然已执行完毕但是案情重大的重大诉讼、仲裁及行政调查案件清单（包括但不限于原告、被告、金额、案由、是否已经完结、解决结果等）及相关诉讼文件			
8.2	公司因违反行业监管、安全生产、公安消防、水利、卫生、建设、规划、劳动保障、反竞争、反倾销、反垄断、税务、环境保护等方面法律法规而受到的行政处罚情况及相关处罚文件			

续表

序号	项目	已提供	待提供	无资料信息
9. 公司关联交易和同业竞争				
9.1	过去三年持有公司或其子公司 5% 以上股权的股东与公司之间签署的任何合同、协议或达成任何交易的相关文件（包括但不限于购销方面的协议与安排文件；房屋、机械、设备租赁协议；土地使用权租赁协议；综合服务、物业管理协议；运输服务协议；维修服务协议；租赁经营协议；为减少和避免关联交易所签订的资产收购协议等）			
9.2	过去三年公司董事、监事、高级管理人员及该等人员投资设立、直接或间接控制的企业与公司之间签署的任何合同、协议或达成任何交易的相关文件			
9.3	公司与其控股股东（或其直接间接控制的公司、企业或经济实体）已存在的任何交易文件			
10. 公司主要业务				
10.1	公司重大原材料采购和产品销售合同，公司最近三年前五大原料供应商和产品销售商采购和销售情况及年度占比			
10.2	公司最近三年主营业务情况及是否发生重大变化			
10.3	公司与控股股东、实际控制人及其控制的其他企业间是否存在同业竞争或关联交易，如果存在请提供详细情况及相关法律文件			
10.4	公司最近三年在行业地位、经营环境、采购及销售模式、产品或服务品种结构等方面变化情况			
11. 公司业务环境保护情况				
11.1	公司在建或已建设项目环境影响评价报告、相关批复及竣工验收情况			
11.2	相关环保部门给予公司的通知、罚款或其他调查文件			
11.3	公司因环保问题而支出的治理费用、罚款和其他费用情况及相关法律文件			

续表

序号	项目	已提供	待提供	无资料信息
11.4	公司过去三年内发生的与环境污染有关的重大事故情况			
11.5	公司产品生产和业务经营是否需要环保部门的审批,如有请提供说明及相关文件			
12. 公司税务情况				
12.1	公司适用的税种、税率及缴纳和欠税情况说明			
12.2	公司过去三年中享有的税收优惠及相关政府部门批复			
12.3	公司过去三年中享有的税收优惠法律或政策依据			
12.4	公司过去三年因税务问题而受到的任何行政处分和处罚情形及相关法律文件			
12.5	公司完税证明及纳税申报表			
13. 公司员工与劳动人事				
13.1	公司劳动用工情况(包括职工总数、人员结构、劳动合同签订以及社会保险缴纳等情况)			
13.2	公司无固定期限员工用工情况说明			
13.3	公司董事会等高级管理人员的名单			
13.4	公司与员工签订的劳动合同(样本)			
13.5	公司与员工签订的相关保密协议			
13.6	国内公司与高级管理人员和特殊员工(包括特殊技术人员)所签署的服务协议、报酬协议等			
13.7	公司为员工缴纳社会保险及住房公积金情况及相关文件,包括但不限于社会保险登记证以及为职工缴纳住房公积金、社会保险费缴费凭证			
13.8	公司董事及高管人员在控制股东及其控制的企业或组织任职情况			

附件一：

表 3-3　重要资产/设备情况一览表

资产/设备名称	原值	现值	采购年月	有无抵押

附件二：

表 3-4　银行借款一览表

借款合同号	贷款银行	借款额	期限	担保方式
		总计（　　）		

第三节 不动产项目尽职调查要点

表 3-5 不动产项目尽职调查要点

序号	项目	已提供	待提供	无资料信息
1. 项目介绍				
1.1	本项目的总体描述（简要说明项目的土地取得时间、投资总额、目前建设状况、建设合同履行情况等）			
2. 立项文件				
2.1	项目建议书（或可行性研究报告）			
2.2	发展和改革部门对项目建议书（或可行性研究报告）的核准或备案（立项批复）			
3. 土地取得文件（土地出让、拆迁、平整等）				
3.1	本项目土地取得方式说明			
3.2	请说明公司获得项目土地后，是否与国土部门签订有土地出让合同或相关补充协议，如有，请提供			
3.3	请提供公司获得土地的相关付款证明（土地出让金、缴税凭证等）			
3.4	市政基础设施配套费的缴纳标准、缴费凭证（如适用）			
3.5	建设用地批准书			
3.6	请说明公司获得项目土地时，项目土地的状况（是否为净地，是否涉及拆迁等）			
3.7	项目用地的抵押、查封情况或其他性质的他项权益，如有请提供他项权利证及说明			
4. 规划审批文件				
4.1	请提供区政府编制的本区域整体转型实施方案以及园区相关的规划、项目投资、管理相关政策性文件			

续表

序号	项目	已提供	待提供	无资料信息
4.2	规划意见书（含附件）			
4.3	建设用地规划许可证			
4.4	建设工程规划许可证（含附件）			
5. 建设审批文件				
5.1	建筑工程施工图设计文件审查有关文件			
5.2	施工许可证			
5.3	请说明工程的建设现状，以及相关建筑合同的处理方式			
6. 其他审批文件				
6.1	建设项目的环境影响评价报告书/环境影响评价报告表及环保部门的审批意见，包括但不限于对水资源、水污染（工业用水及生活用水）、大气污染、土壤污染的综合或独立的环境影响报告和审批意见			
6.2	交通规划审查意见书			
6.3	建设项目配套消防方案审核文件			
6.4	民用建筑修建防空地下室审核文件，包括人防工程建设费收取和减免审核（如未修建防空地下室）			
6.5	如属重大工程，提供重大工程批准文件			
7. 建设施工				
7.1	请提供公司的全部合同台账（应列明合同方名称、合同名称、合同金额、签订日期、付款情况等）			
7.2	请提供尚未履行完毕的工程类合同			
7.3	对于勘查、设计、施工、监理、项目管理、采购、总承包的招投标文件及备案情况说明			
7.4	对于项目勘查、设计、施工、监理、项目管理、采购、总承包等重大合同履行情况的说明（是否存在违约、诉讼纠纷等情形）。若存在诉讼纠纷等，请提供相关诉讼文件			

续表

序号	项目	已提供	待提供	无资料信息
7.5	对于项目勘察、设计、施工、监理、项目管理、采购、总承包等重大合同履行情况的说明			
7.6	公司作为合同一方的，其他尚未履行完毕的所有合同复印件			
8. 权属状况				
8.1	土地、房产（包括在建工程）的抵押情况或其他性质的他项权益，如有，请提供他项权利证及说明			
9. 其他				
9.1	土地增值税的清算情况及文件			
9.2	与本项目有关的合同是否存在重大违约行为，若有，请提供相关合同、协议及有关违约事由的描述			
9.3	任何对本项目可能产生重大影响的但没有列举在上述事项中的事宜			

第四节　保险投资信托计划尽职调查要点

表 3-6　保险投资信托计划尽职调查要点

序号	项目	已提供	待提供	无资料信息	文件名称
1. ×× 人寿保险股份有限公司					
1.1	×× 人寿保险股份有限公司投资信托计划的决策制度/授权制度（明确董事会或者董事会授权机构）、董事会授权的需董事会提供授权文件				管理委员会关于投资业务的授权书

续表

序号	项目	已提供	待提供	无资料信息	文件名称
1.2	董事会或者董事会授权机构同意投资本信托计划的决议文件				
1.3	××人寿保险股份有限公司就本次信托计划配备的独立信托投资专业责任人任职文件、专业责任人的工作经历（金融或经济，人力资源部门出具的证明文件）、专业资质证书				关于信托投资专业责任人的报告
1.4	××人寿保险股份有限公司关于信托投资专业责任人的责任追究制度或文件				
1.5	××人寿保险股份有限公司选择信托公司的标准或制度文件				公司授权交易对手之信托计划（摘自《分账户投资指引》）；关于印发《××人寿保险股份有限公司人寿信托计划投资操作细则（试行）》的通知
1.6	××人寿保险股份有限公司本次信托计划投资者权益保护的制度性安排文件				
1.7	固定收益类的集合资金信托计划，应提交信用评级机构提供的评级报告				产业基金投资集合资金信托计划产品信用评级报告（中诚信）
1.8	××人寿保险股份有限公司有关投资信托计划的投后管理制度及兑付风险处理预案				关于印发《××人寿保险股份有限公司人寿信托计划投资操作细则（试行）》的通知

续表

序号	项目	已提供	待提供	无资料信息	文件名称
1.9	××人寿保险股份有限公司认为需要提交的其他文件				
2. 信托公司文件					
2.1	信托公司近三年公司及高级管理人员未发生重大刑事案件且未受监管机构行政处罚的证明文件或者承诺函				
2.2	信托公司承诺向保险业相关行业组织报送相关信息的承诺函				
2.3	信托公司上一年度末审计机构出具的审计报告				
2.4	信托公司-信托投资计划尽职调查报告（或可行性报告）、《项目评审委员会表决决议》、《项目合规、风险审查意见》、本次信托计划的律师事务所出具的法律意见、信托合同、信托计划投资标的公司的增资协议（投资协议）、担保协议、抵押协议、保证合同、承诺函、股权回购协议、资金监管协议、资金保管合同等				
2.5	信托计划投资项目公司董事会决议、股东会决议、项目公司章程等				

第五节　保险投资信托计划法律意见范例

A 律师事务所

关于

B 人寿保险有限公司

投资

YY 投资集合资金信托计划

法律意见

致：B 人寿保险有限公司

A 律师事务所（以下简称"本所"）系一家在中华人民共和国境内依法设立的合伙制律师事务所，受 B 人寿保险有限公司（以下简称"贵司"或"B 公司"）的委托，担任 B 公司投资 YY 投资集合资金信托计划（以下简称"信托计划"或"本信托计划"）的专项法律顾问。现本所律师针对贵司投资信托计划的合法合规性以及投资者权益保护等内容出具法律意见。

本所律师依据《民法典》《公司法》《信托法》《信托公司管理办法》《信托公司集合资金信托计划管理办法》（以下简称《信托计划管理办法》）《金融许可证管理办法》《关于保险资金投资集合资金信托计划有关事项的通知》《关于加强和改进保险资金运用比例监管的通知》以及其他现行有效的法律、行政法规、部门规章和规范性文件的相关规定出具本法律意见。

本所经办律师遵循勤勉尽责和诚实信用原则，按照律师行业公认的业务标准、道德规范，审阅了贵司提供的信托计划的基础资料。

本所出具本法律意见主要基于以下假设：

1. 贵司向本所提供的文件、资料和信息均真实、准确、完整，资料上的签字和/或印章均为真实的，有关文件之副本或复印件均与正本或者原件一致。

2. 信托计划的基础资料中关于事实的陈述以及任何承诺、声明和/或其他具有承诺性质的文件均真实、准确、有效。

本所仅根据贵司所提供的信托计划的基础资料所述信息出具本法律意见。为此，本所声明如下：

1. 本所仅依据信托计划的基础材料对贵司投资信托计划的合法合规性以及投资者权益保护的内容进行法律审查，不对信托计划拟发放信托贷款的公司所涉及事实信息的真实性、准确性和完整性作出判断。

2. 本所依据本法律意见出具日现行有效的有关法律法规及对有关法律法规的理解，并基于本法律意见出具日以前已经发生或存在的事实及对有关事实的了解发表法律意见。

本所仅就贵司投资信托计划合法合规性以及投资者权益保护的法律问题发表法律意见，具体范围以本法律意见发表意见事项为限。本法律意见并不对有关会计审计、资产评估、投资决策等专业事项发表评论，在本法律意见中涉及该等内容时，均为严格按照有关中介机构出具的报告引述，该等引述并不构成本所对该等报告的任何明示或默示的确认和保证。

基于以上假设和声明，本所出具如下法律意见。

正　文

一、关于信托计划的合法性

根据贵司所述以及贵司提交的《YY投资集合资金信托计划说明书》（以下简称"《信托计划说明书》"）、《YY投资集合资金信托计划资金信托合同》（以下简称"《信托合同》"），本所经办律师理解贵司拟投资的信托计划的交易结构如下：

ZZ信托有限责任公司（以下简称"ZZ信托"）设立YY投资集合资金信托计划，全体委托人基于对受托人ZZ信托的信任，在充分了解交易结构、交易对手、投资标的的前提下认购（申购）信托单位并缴付信托资金，全体信托人指定受托人签署相关交易文件，信托计划募集的资金用于认购 AA 投资管理有限公司（以下简称"AA 投资"）担任 GP 设立的 BB 投资合伙企业（有限合伙）（以下简称"BB 投资"或"合伙企业"）有限合伙份额，BB 投资投资方向为 CC 市集成电路上下游产业、新型显示等相关产业项目或基金，CC 市建设投资控股（集团）有限公司（以下简称"CC 建投"）承诺在约定情形下收购信托计划持有的 BB 投资有限合伙份额并支付全部合伙企业份额转让价款。

（一）本信托计划的主体资格

1. 受托人

本信托的受托人为 ZZ 信托，本所经办律师审查了 ZZ 信托提供的营业执照、公司章程和金融许可证，根据《公司法》《信托公司管理办法》及《金融许可证管理办法》的相关规定，本所经办律师确认受托人 ZZ 信托是依法设立并有效存续的企业法人，并具有经营资金信托业务的法律资格，且未发现其业务资格被暂停或取消的情形。

本所经办律师查阅了《信托计划说明书》及《信托合同》，确认其所述信托业务属于《信托法》《信托公司管理办法》规定的资金信托业务。

本所经办律师审查了 ZZ 信托在《信托合同》中作出的承诺，确认 ZZ 信托近三年公司及高级管理人员未发生重大刑事案件且未受到监管机构行政处罚，××年末经审计的净资产不低于 30 亿元，承诺向保险业相关行业组织报送相关信息。

因此，根据《关于保险资金投资集合信托计划有关事项的通知》第三条的规定，本所经办律师认为 ZZ 信托具备发行信托计划的主体资格，且作为本信托计划的发行主体，ZZ 信托符合保险资金投资集合资金信托计划对信托公司的资格要求。

2. 委托人

本所经办律师审查了贵司的企业法人营业执照和公司章程、保险公司法人许可证等文件，根据《信托计划管理办法》第五条、第六条的规定，贵司为集合资金信托计划的合格投资者。

本所经办律师审查了《信托合同》《信托计划说明书》等信托文件，上述文件对委托人的资格及条件进行了明确，委托人须具备相应的风险识别、风险评估和风险承受能力，应以其合法所有或合法管理的资金认购信托单位。《信托合同》约定，本信托为自益信托，信托计划成立时的委托人与受益人为同一人。本所经办律师认为，《信托合同》《信托计划说明书》关于委托人和受益人之规定，符合《信托法》第十九条、第四十三条，《信托计划管理办法》第五条的法定要求。

因此，本所经办律师确认贵司具备认购本信托计划的主体资格，本信托计划的委托人主体合格。

（二）信托文件的形式合法性

本所经办律师审查了《信托计划说明书》《信托合同》《BB投资集合资金信托计划第i期信托单位认购风险申明书》（以下简称"《认购风险申明书》"）等信托文件，均为书面形式，符合《信托法》第八条"设立信托，应当采取书面形式"的要求。

《信托合同》详细列明了信托目的、信托计划的规模、信托期限、信托财产的管理办法、受益权转让等事项，内容全面、具体，符合《信托法》第九条、《信托公司管理办法》第三十二条、《信托计划管理办法》第十三条关于设立信托书面文件应当载明事项的法定要求。

《信托计划说明书》符合《信托计划管理办法》第十二条之规定，对信托公司的基本情况、信托计划的内容及推介进行了完整的说明。

《认购风险申明书》及《信托合同》首页上方对信托风险作了明确的申明和提示，并要求委托人（或授权代理人）签署。《信托合同》及《信托计划说明书》又专对风险进行了披露。

因此，本所经办律师认为，上述集合资金信托文件信息披露的内容符合《信托计划管理办法》第十一条、第十二条、第十三条、第十四条、第十五条之要求。

（三）信托文件的内容合法性

本所经办律师审查了信托文件的内容，信托文件明确了信托的目的、信托的期限、信托资金用途、信托财产份额、信托财产及其范围、信托资金的管理和运用方式、信托利益的分配和信托财产的归属、信托的成立、信托财产的保管、委托人的资格要求、信息披露情况、信托当事人的权利义务、委托人资金的合法性、信托计划风险披露，并由 DD 律师事务所就信托计划的合规性出具了法律意见书。

本所经办律师认为，信托文件内容符合《信托法》《信托计划管理办法》的要求，信托计划及其信托文件不违反法律法规及规范性文件的强制性规定。

根据信托计划的文件内容，本信托计划为固定收益类的集合资金信托计划，符合《关于保险资金投资集合信托计划有关事项的通知》规定的保险资金投资信托计划的规定。

（四）信托计划的信用评级

EE 资信评估有限公司于××年××月××日出具《BB 投资集合资金信托计划信用评级报告》，"BB 投资集合资金信托计划"的信用评级为 AA+。

因此，本所经办律师认为，本信托计划的信用评级符合《关于保险资金投资集合信托计划有关事项的通知》第四条规定的保险资金投资信托计划的信用评级要求。

综上，本所经办律师认为：本信托计划主体合法；信托文件形式合法；信托文件内容合法；信托公司、信托计划投资的基础资产类型符合保险资金投资信托计划的规定。

二、贵司认购本信托计划的合法性

（一）贵司认购信托计划的主体合法性

本所经办律师审查了贵司提供的企业法人营业执照、保险公司法人许可证、公司章程等，贵司成立于××年××月××日，经营范围为在上海市行政辖区内已设立分公司的省、自治区、直辖市内经营下列业务（法定保险业务除外)：(一)人寿保险、健康保险和意外伤害保险等保险业务；(二)上述业务的再保险业务。确认贵司是一家依法成立并有效存续的保险公司，并且本所经办律师未发现国家金融监督管理总局暂停或取消贵司经营保险业务资格的情形。

本所经办律师审查了贵司提供的截至××年××月××日的资产负债表、《××人寿保险有限公司××年第×季度投资其他金融资产的账面余额的情况说明》，贵司拟签订的《信托合同》以及《信托计划说明书》等。

本所经办律师认为，贵司投资本信托计划符合《保险资金运用管理暂行办法》《关于加强和改进保险资金运用比例监管的通知》的相关规定。

(二)贵司投资信托计划的内部管理制度

本所经办律师审查了贵司提供的《××人寿保险有限公司关于信托投资专业责任人的报告》，贵司配备了独立的信托投资专业责任人，明确了该责任人的风险责任和资质条件，并向国家金融监督管理总局进行了报告。

本所经办律师审查了贵司提供的《关于印发〈××人寿信托计划投资操作细则(试行)〉的通知》(以下简称"《操作细则》")，《操作细则》对贵司内部各部门在投资信托计划过程中的管理职责进行了明确划分，就投资流程、决策程序、合规审查、信用评估、风险控制、文本签署、投后管理、信息披露等各环节制定了明确的管理制度和操作细则。

因此，本所经办律师认为，贵司投资信托计划的内部管理制度符合《关于保险资金投资集合资金信托计划有关事项的通知》的相关规定。

(三)贵司投资信托计划决策程序的合法性

本所经办律师审查了贵司提供的章程、贵司董事会《授权公司管理委员会批准公司正常投资组合管理业务以及金融产品的决议》以及《××人寿保险有限公司管理委员会关于投资业务的授权书》，贵司对投资集合资金信托计划制定了完善的决策程序和授权机制，明确规定了董事会授权公司管理委员会的决策权限及批准权限，同时管理委员会有权在一定范围内将相应的决策权限转授权给投资管理委员会，贵司的上述规定符合《关于保险资金投资集合资金信托计划有关事项的通知》的要求。

根据贵司提供的《××投资管理委员投资BB投资集合资金信托计划的决议》，贵司的投资管理委员会已就贵司投资本信托计划作出了同意投资的书面决议。

因此，本所经办律师认为，贵司投资本信托计划的内部决策程序符合法律法规的规定。

三、贵司投资信托计划的权益保护

根据《信托合同》和《信托计划说明书》的内容，贵司作为信托计划受益权人认购信托计划项下的信托权益份额，预期收益率为××%，其权益保护方式为：

1. ZZ信托与AA投资、CC建投签订《BB投资合伙企业（有限合伙）合伙协议》与《BB投资合伙企业（有限合伙）合伙协议之补充协议》，约定ZZ信托以自己的名义作为有限合伙人入伙合伙企业BB投资，该合伙企业的资金用于投资CC市集成电路上下游产业、新型显示等相关产业项目或基金。

2. ZZ信托与CC城建签订《有限合伙份额收购协议》，承诺在约定情形下向ZZ信托收购ZZ信托持有的合伙企业份额并支付全部合伙企业份额转让价款。

3. 受托人为本信托开立信托专户，独立核算委托人的信托资金和信托利益。全体委托人指定聘请××银行股份有限公司××分行担任信托资金的保管人，受托人与保管人订立保管协议，明确受托人及保管人之间在信托资金的保管、信托资金的管理和运作及相互监督等相关事宜中的权利、义务及职责，确保信托资金的安全，保护受益人的合法权益。

4. 本信托计划提示了可能涉及的风险，包括但不限于法律政策风险、信用风险、流动性风险、管理风险等各项风险。

5. 本信托计划明确了受益人大会的组成、召开事由、会议召集方式、议事内容和程序、表决及受益人大会决议的效力等内容。

综上，本所经办律师认为，信托计划对贵司投资的信托权益单位的收益来源和权益保护之规定不违反法律法规的强制性规定。

四、结论意见

综上，本所经办律师认为：

1. 本信托计划主体、形式、内容合法，且信托公司资质、信托计划投资的基础资产类型、信托计划信用评级均符合保险资金投资信托计划的强制性规定。

2. 贵司投资信托计划的内部管理制度、决策程序均符合保险资金投资集合信托的法律法规的规定。

3. 贵司投资本信托计划信托权益单位的收益来源和权益保护之规定不违反法律法规的强制性规定。

（以下无正文）

（此页为《A律师事务所关于XX人寿保险有限公司投资B投资集合资金信托计划的法律意见》之签署页）

××律师事务所

经办律师：_____

年　月　日

第六节　保险投资内部合规报告范例

保险公司（以下简称"公司"）合规部门根据《民法典》《公司法》《合伙企业法》《保险资金投资股权暂行办法》《关于保险资金投资股权和不动产有关问题的通知》以及《关于加强和改进保险资金运用比例监管的通知》等法律法规以及公司内控制度的规定对公司本次投资××基金（有限合伙）（以下简称"××基金"）进行合规性评估。

一、公司投资××基金能力的合规性评估

经公司合规部评估，公司资产管理部门配备了 5 名具有 3 年以上股权投资和相关经验的专业人员。公司制定了《保险公司投资操作细则》，对公司在投资过程中的管理职责进行了明确划分，就投资流程、决策程序、合规审查、信用评估、风险控制、文本签署、投后管理、信息披露、托管机制等各环节制定了明确的管理制度和操作细则。

公司合规部认为，公司本次投资遵循稳健、安全原则，坚持资产负债匹配管理，审慎投资运作，有效防范风险。公司具有完善的公司治理、管理制度、决策流程和内控机制；具有清晰的发展战略和市场定位，具有较强的并购整合能力和跨业管理能力；建立资产托管机制，资产运作规范透明；公司上一会计年度末偿付能力充足率不低于 150%，且投资时上季度末偿付能力充足率不低于 120%；上一会计年度盈利，净资产不低于 10 亿元；最近三年未发现重大违法违规行为。

综上，公司合规部认为，公司本次投资××基金符合国家金融监督管理总局监管要求及公司风控的规定。

二、公司投资××基金资金来源的合规性评估

经公司合规部门评估，公司本次投资××基金的资金独立于投资机构、托管机构和其他相关机构的固有财产及其管理的其他财产，不存在运用借贷、发债、回购、拆借等方式筹措的资金投资企业股权。公司本次投资××基金的资金为长期分红保险产品的资金。

综上，公司合规部认为，公司本次投资××基金符合国家金融监督管理总局监管要求及公司风控的规定。

三、公司投资××基金投资比例的合规性评估

经公司合规部门评估，公司本次投资××基金的账面余额，未超过该基金发行规模的 20%；合计不高于本公司上季末总资产的 30%，且重大股权投资的账面余额，不高于本公司上季末净资产。

综上，公司合规部认为，公司本次投资××基金符合国家金融监督管理

总局监管要求及公司风控的规定。

四、公司投资××基金之基金投资机构的合规性评估

经评估，并查验基金管理人××基金管理公司（以下简称"××基金管理公司"）提供的营业执照、公司章程和××基金管理公司公司治理管理制度文件，公司合规部门认为，××基金管理公司作为××基金的管理机构已经在中国证券投资基金业协会备案为私募基金管理人，具有完善的公司治理、管理制度、决策流程和内控制度，已建立风险准备金制度，具有丰富的股权投资经验和稳定的管理团队。××基金管理公司注册资本不低于1亿元，已建立风险准备金制度；投资管理适用中华人民共和国法律法规及有关政策规定；具有稳定的管理团队，拥有不少于10名具有股权投资和相关经验的专业人员，已完成退出项目不少于3个，其中具有5年以上相关经验的不少于2名，具有3年以上相关经验的不少于3名，且高级管理人员中，具有8年以上相关经验的不少于1名；拥有不少于3名熟悉企业运营、财务管理、项目融资的专业人员，具有丰富的股权投资经验，管理资产余额不低于30亿元，且历史业绩优秀，商业信誉良好；具有健全的项目储备制度、资产托管和风险隔离机制；建立科学的激励约束机制和跟进投资机制，并得到有效执行；接受国家金融监督管理总局涉及保险资金投资的质询，并报告有关情况；最近三年未发现投资机构及主要人员存在重大违法违规行为。

综上，公司合规部认为，公司本次投资××基金符合国家金融监督管理总局监管要求及公司风控的规定。

五、公司投资××基金之基金的合规性评估

经评估，并根据××基金提供的《合伙协议》《入伙协议》《××基金（有限合伙）风险提示函》，公司合规部认为，××基金具有确定的投资目标、投资方案、投资策略、投资标准、投资流程、后续管理、收益分配和资金清算安排，交易结构清晰、风险提示充分，信息披露真实完整，符合国家金融监督管理总局监管要求及公司风控的规定。

××基金的法律架构为，××基金管理公司作为基金管理人发起设立

××基金（有限合伙），公司作为有限合伙人参与认购XX基金有限合伙份额，××基金的人民币基金目标规模为××亿元。

××基金的投资领域包括医疗健康产业，TMT产业，创新高成长产业等。

××基金的存续期限为8年（普通合伙人可决定予以延长2年），在投资期内：①对于因项目投资产生的投资收益，公司作为资金有限合伙人按实际出资额的8%/年（复利）在基金收益内进行优先分配，然后向普通合伙人分配，普通合伙人将按照资金有限合伙人投资收益总额的20%参与投资收益分配；②对于来自投资组合公司的可供分配现金，首先用于归还资金有限合伙人实际出资，其次按照实际出资额的8%/年（复利）的收益率支付资金有限合伙人优先回报（"优先回报"），最后按照（资金有限合伙人优先回报/80%）×20%的比例向普通合伙人分配。

××基金作为私募股权投资基金已经在中国证券投资基金业协会备案。

综上，公司合规部认为，公司本次投资××基金符合国家金融监督管理总局监管要求及公司风控的规定。

六、公司投资××基金的关联交易合规性评估

公司合规部根据《保险资金投资股权暂行办法》的规定，对本次投资××基金的关联关系进行核查，经核查，公司股东、董监高及其他关联方与××基金及其基金管理人××基金管理公司之间不存在关联关系。

公司合规部经评估认为，公司本次投资××基金不存在关联交易，公司对涉及关联交易的投资制定了严格的风控制度，符合国家金融监督管理总局监管要求及公司风控的规定。

保险公司合规部

合规负责人：＿＿＿＿＿＿

××年××月××日